아이를 크게 키우는
집콕 놀이

아이를 크게 키우는
집콕 놀이

1판 1쇄 인쇄 2021년 7월 16일
1판 1쇄 발행 2021년 7월 28일

지은이 박현규

발행인 양원석 **책임편집** 차선화
디자인 이은혜, 김미선
영업마케팅 양정길, 강효경, 정다은, 구채원

펴낸 곳 ㈜알에이치코리아
주소 서울시 금천구 가산디지털2로 53, 20층 (가산동, 한라시그마밸리)
편집문의 02-6443-8861   **도서문의** 02-6443-8800
홈페이지 http://rhk.co.kr
등록 2004년 1월 15일 제2-3726호

ISBN 978-89-255-7997-9 (13590)

※ 이 책은 ㈜알에이치코리아가 저작권자와의 계약에 따라 발행한 것이므로
   본사의 서면 허락 없이는 어떠한 형태나 수단으로도 이 책의 내용을 이용하지 못합니다.
※ 잘못된 책은 구입하신 서점에서 바꾸어 드립니다.
※ 책값은 뒤표지에 있습니다.

4~7세 성장 발달 놀이 100

아이를 크게 키우는
집콕 놀이

박현규
지음

RHK
알에이치코리아

목차

프롤로그

CHAPTER1
아이를 크게 키우는 집콕 놀이 사용 설명서

집콕 100% 활용하기	013
집콕 놀이 Q&A	014
집콕 놀이 효과	016
집콕 놀이 연령별 놀이 가이드	018
집콕 놀이 체크리스트	034

CHAPTER2
언어 능력이 쑥쑥 자라는 집콕 언어 놀이

01	보여주고 말하기 놀이	042
02	감정 온도계 놀이	044
03	거꾸로 말하기 놀이	046
04	끝말잇기 놀이	048
05	나를 살펴보는 놀이	050
06	낱말 만들기 놀이	052
07	달력 보기 놀이	054
08	동물 빙고 놀이	056
09	말하는 대로 그리기 놀이	058
10	반대말 말하기 놀이	060
11	이야기 만들기 놀이	062
12	암기 왕 놀이	064
13	영상 편지 놀이	066
14	우리 가족 소개하기 놀이	068
15	의성어, 의태어 따라 하기 놀이	070
16	좋아하는 거 말하기 놀이	072
17	책 만들기 놀이	074
18	촉감 말하기 놀이	076
19	편지 보물찾기 놀이	078
20	표정으로 말하기 놀이	080

언어 놀이와 함께 읽으면 좋아요 082

CHAPTER 3
산수가 쉬워지는 집콕 수학 놀이

01	과녁 맞추기 놀이	086
02	기억력 게임 놀이	088
03	길이 측정 놀이	090
04	덧셈 놀이	092
05	도형 면봉 놀이	094
06	돌리면서 덧셈 놀이	096
07	땅따먹기 놀이	098
08	블록 장난감 숫자 놀이	100
09	마시멜로 코코아 숫자 놀이	102
10	무슨 숫자인지 맞추기 놀이	104
11	병뚜껑 숫자 세어보기 놀이	106
12	뺄셈 놀이	108
13	색종이 칠교 놀이	110
14	숫자 빙고 놀이	112
15	자동차 컬링 놀이	114
16	컵으로 더하기 놀이	116
17	클레이 숫자 놀이	118
18	연산 게임 놀이	120
19	폼폼이 숫자 놀이	122
20	피자 나누기 놀이	124

수학 놀이와 함께 읽으면 좋아요   126

CHAPTER 4
과학적 상상력을 키워주는 집콕 과학 놀이

01	그림자 따라 그리기 놀이	130
02	꽃 얼음 화석 놀이	132
03	달 관찰하기 놀이	134
04	달걀 탱탱볼 만들기 놀이	136
05	물감 흡수 놀이	138
06	마시멜로 탑 쌓기 놀이	140
07	먹이 사슬 피라미드 놀이	142
08	바닷물 관찰하기 놀이	144
09	봉지에 구멍 뚫기 놀이	146
10	분자 구조 만들기 놀이	148
11	비행기 발사기 놀이	150
12	사라지는 잠수함 놀이	152
13	손 안 대고 연필 부러뜨리기 놀이	154
14	수평 잡기 놀이	156
15	숟가락 투석기 놀이	158
16	식빵에 글씨 쓰기 놀이	160
17	야광 컵 조명 만들기 놀이	162
18	어떤 귤이 더 무거울까 놀이	164
19	얼음낚시 놀이	166
20	입 안 대고 풍선 불기 놀이	168

과학 놀이와 함께 읽으면 좋아요   170

CHAPTER 5
예술가가 되어보는 집콕 미술 놀이

01	가위 없이 만드는 나무 놀이	174
02	데칼코마니 놀이	176
03	몬드리안 따라잡기 놀이	178
04	몬스터 만들기 놀이	180
05	반대쪽 그림 그리기 놀이	182
06	벚꽃나무 만들기 놀이	184
07	붙여서 만드는 소조 놀이	186
08	샤메크 블루위 따라잡기 놀이	188
09	섞으면 무슨 색이 될까 놀이	190
10	손바닥 동물 그리기 놀이	192
11	수건 곰 인형 만들기 놀이	194
12	신발 리폼 놀이	196
13	알록달록 뱀 만들기 놀이	198
14	에바 알머슨 따라잡기 놀이	200
15	우산 꾸미기 놀이	202
16	잡지책 콜라주 놀이	204
17	재활용품 아상블라주 놀이	206
18	전신 그리기 놀이	208
19	조르주 쇠라 따라잡기 놀이	210
20	포일 판화 놀이	212
21	편지 카드 만들기 놀이	214
22	흔들면 색이 변하는 놀이	216
	미술 놀이와 함께 읽으면 좋아요	218

CHAPTER 6
아이를 크게 키우는 집콕 신체 놀이

01	공 주고받기 놀이	222
02	병뚜껑 알까기 놀이	224
03	림보 놀이	226
04	물 옮기기 놀이	228
05	바구니 농구 놀이	230
06	균형 잡기 놀이	232
07	볼링 놀이	234
08	브이자로 걷기 놀이	236
09	손바닥 발바닥 찍기 놀이	238
10	손가락 펌프 놀이	240
11	수건 당기기 놀이	242
12	숟가락 물건 옮기기 놀이	244
13	아슬아슬 평형대 놀이	246
14	온몸으로 흉내 내기 놀이	248
15	위로 위로 쌓기 놀이	250
16	젓가락으로 콩 옮기기 놀이	252
17	종이컵 쌓기 놀이	254
18	휴지로 컵 당기기 놀이	256
	신체 놀이와 함께 읽으면 좋아요	258

부록	집콕 놀이가 쉬워지는 놀이 도안	260

아이와 집에 있는 시간이 부쩍 늘어난 요즘, 어떻게 하면 더 재미있고 유익한 시간을 보낼 수 있을까 고민하다가 집에서 할 수 있는 집콕 놀이를 시작했어요. 『아이를 크게 키우는 놀이 육아』를 출간했을 때처럼 놀이를 즐겨도 좋지만, 아이의 발달에 맞추어 조금 더 체계적으로 시간을 보내고 싶어서 언어, 수학, 과학, 미술, 신체로 영역을 나눠 놀이를 시작했어요.

아이와 같이 이야기를 나누고, 그림을 그리고, 우뇌를 발달시키는 감성적인 놀이와 신체를 이용하고, 규칙을 만들고, 힘을 조절하면서 좌뇌를 발달시키는 놀이까지 고르게 담았어요.

『아이를 크게 키우는 집콕 놀이는』 4~7세 아이들에게 최적화된 놀이예요. 언어, 수학, 과학, 미술, 신체와 관련된 다양한 활동을 놀이로 자연스럽게 익히면서 아이는 재미와 자신감을 얻을 수 있죠. 연령이 어린 친구들은 놀이가 다소 어렵게 느껴질 수도 있어요. 하지만 꼭 한번 같이 해보세요. 놀이를 책의 내용과 똑같이 진행하지 않아도 좋아요. 아이가 원하는 방향이 있다면 아이에게 놀이 주도권을 주세요. 책에 소개된 놀이를 따라 해보고 시간이 지난 뒤 다시 한번 해보면, 같은 놀이라도 또 달라진 아이의 반응을 확인할 수 있을 거예요.

스스로 놀이를 확장하고 새로운 놀이를 만들어가는 아이를 만날 준비가 되셨나요?
자, 그럼 준비하시고, 아이와 함께 신나게 집콕 놀이를 해볼까요?

CHAPTER
1

아이를 크게 키우는 집콕 놀이 사용 설명서

집콕 놀이
100% 활용하기

1. 책을 넘겨보면서 아이가 하고 싶어 하는 놀이를 찾고 시작해보세요.
2. 책 내용과 다르게 놀이가 변형되어도 아이주도 하에 계속 진행해주세요.
3. 놀이를 통해 꼭 무언가를 배우거나 얻지 못해도 괜찮아요.
4. 놀이를 할 때는 아이가 원하는 것이 무엇인지 귀 기울여보세요.
5. 놀이가 끝나면 아이와 함께 해본 놀이를 체크리스트에 체크해보세요.
6. 주제와 관련된 그림책이 있다면 함께 읽어보세요.

준비 시간에 비해 놀이가 너무 빨리 끝나버리거나 놀이를 통해 무언가를 얻지 못해도 괜찮아요. 어른의 잣대로 놀이의 결과물을 판단하지 말아주세요. 결과보다 과정 중심의 놀이가 될 수 있도록 옆에서 지지하고 도와주세요. 놀이에 있어 가장 중요한 건 아이의 주도성이에요. 아이가 스스로 선택하고 놀이를 주도해나갈 수 있도록 도와주세요. 아무리 좋은 놀이나 교육이라도 아이 스스로 의지가 없다면 지속할 수 없어요. 아이들은 재미를 느끼면 자발적으로 움직인다는 점을 꼭 기억해주세요.

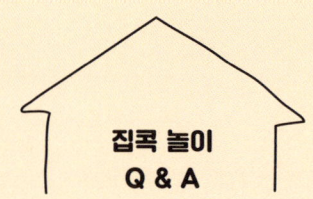

집콕 놀이
Q & A

Q 책에 소개된 놀이는 몇 살부터 시작할 수 있나요?

A 아이마다 발달 속도가 다르기 때문에 놀이 연령을 특정 지을 수는 없어요. 연령이 너무 어리면 놀이를 응용하거나 확장하기에 다소 어려움을 느낄 수 있지만 그렇다고 놀이를 못하는 건 아니에요. 놀이는 놀이니까요. 놀이 자체를 응용하여 즐길 수 있도록 부모님이 도와준다면 연령은 중요하지 않아요.

Q 아이가 준비한 놀이에 반응이 없다면 어떻게 해야 하나요?

A 준비한 놀이에 관심을 보이지 않아도 괜찮아요. 부모님은 사실 조금 속상할 수도 있어요. 하지만 그럴 때는 놀이를 억지로 진행하지 말고 아이의 말에 귀 기울여보세요. 아이가 지금 무엇을 하고 싶은지, 어떤 것을 하고 싶은지 이야기 나눠보세요.

Q 놀이를 하기 좋은 시간대가 있나요?

A 아침에 이해력이 높아진다는 연구 결과가 있지만 놀이를 하기 좋

은 시간대는 따로 없어요. 아이가 원할 때 하는 게 가장 좋아요. 한 가지 팁을 드리면, 퇴근 후 30분 또는 주말 오전 등과 같이 일정하게 놀이 시간을 정해서 루틴으로 만드는 거예요. 그 시간에 맞춰서 아이가 하고 싶은 놀이를 생각하거나 부모와 함께 계획을 세우면 서로의 친밀감을 높일 수 있답니다.

Q 두뇌 발달을 위해서 놀이 vs 학습 어떤 게 더 좋은가요?
A 두뇌 발달에 가장 좋은 건 아이가 좋아하고 흥미로운 놀이를 할 때예요. 아이들은 만 5~7세에 전두엽이 왕성하게 발달하고 집중력, 기억력, 창의력이 높아지면서 비로소 학습을 준비하는 뇌를 갖게 된다고 해요. 그전까지 과도한 학습은 아이에게 스트레스를 줄 수 있고 오히려 뇌 발달을 저해하는 결과를 가져올 수 있어요.

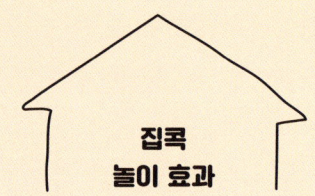

아이는 집콕 놀이를 통해 크게 언어 발달, 인지 발달, 신체 발달, 정서 발달, 창의성 발달을 이룰 수 있어요. 이외에도 놀이마다 아이의 다양한 능력을 끌어낼 수 있답니다. 집콕 놀이 효과 표를 참고해주세요.

표현력	생각과 느낌 등을 언어나 몸으로 나타내는 능력
창의력	다양한 각도로 새로운 생각을 해내는 능력
집중력	마음이나 주의를 집중할 수 있는 능력
관찰력	사물이나 현상을 자세히 살펴보는 능력
공감 능력	다른 사람의 상황이나 기분을 같이 느낄 수 있는 능력
소통 능력	다른 사람과 대화할 때 그 의미를 파악하고 전달할 수 있는 능력
협동력	일을 해결하기 위해 다른 사람과 힘을 합칠 수 있는 능력
지구력	일정한 일을 장시간 계속할 수 있는 능력

조작 능력	어떠한 물건을 방식에 따라 다루어 움직이는 능력
연산 능력	사칙 연산 능력으로 덧셈, 뺄셈, 곱셈, 나눗셈을 계산할 수 있는 능력
언어 능력	언어를 자유롭게 말하고, 듣고, 이해하는 능력
힘 조절 능력	자신의 힘 세기를 조절하는 능력
자기 조절력	자신의 감정이나 욕구를 다스리고 조절하는 능력
기억력	이전의 경험을 의식 속에 저장해두는 능력
상상력	실제로 경험하지 않은 현상 또는 사물을 마음속으로 그려보는 능력
균형 감각	어느 한쪽으로 기울어지지 않고 고르게 서 있을 수 있는 감각
민첩성	몸을 신속히 조작하는 능력
근력	근육의 힘, 그리고 힘의 지속성
친밀감	상대방과 매우 친하고 가까운 느낌
배려심	상대방을 도와주거나 보살펴주려는 마음
눈손 협응	어떠한 물건을 만질 때 눈의 기능과 손을 잘 연결하여 서로 협응하도록 하는 능력
미적 인식 능력	미적 대상의 아름다움에 대해 인식할 수 있는 능력
스트레스 해소	스트레스를 다른 방법으로 풀어 줄이는 느낌
자신감	잘할 수 있다는 자신이 있는 느낌

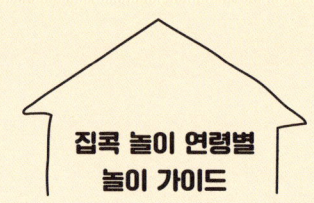

아이와 놀이를 할 때 어떻게 접근하면 좋은지 연령별 놀이 가이드를 만들었어요. 아래의 표를 참고하여 놀이를 진행해보세요.

언어 놀이

놀이	연령	가이드
보여주고 말하기 놀이	4~5세	좋아하는 장난감이 무엇인지 이야기 나눠보세요.
	6~7세	구체적으로 장난감의 어떤 부분이 좋은지 이야기할 수 있도록 질문해주세요.
감정 온도계 놀이	4~5세	오늘 기분이 어떤지 물어봐주세요.
	6~7세	기분을 점수로 이야기해보고 아이의 기분이 별로라고 한다면 "어떻게 하면 기분이 좋아질까?" 이야기 나눠보세요.
거꾸로 말하기 놀이	4~5세	사자, 오리, 토끼 등 쉬운 단어부터 거꾸로 말하는 방법을 알려주고 놀이를 해보세요.
	6~7세	단어를 거꾸로 읽어보고 놀이를 진행해보세요. 글자를 모르면 말로 알려줘도 좋아요.

놀이	연령	설명
끝말잇기 놀이	4~5세	끝말잇기 단어가 사자라면 "사자!"라고 말한 뒤 그다음 "'자'로 시작하는 단어는 뭐가 있을까?" 질문해주세요.
	6~7세	놀이를 이해하기 어려워한다면 단어를 종이에 적고 마지막 단어에 밑줄을 그어주세요. 아이와 이야기를 나누면서 끝말잇기 놀이의 규칙을 이해시켜주세요.
나를 살펴보는 놀이	4~5세	"코는 어디에 있어? 눈은 몇 개야? 눈썹은 어디에 있어?" 질문해주세요.
	6~7세	"가장 좋아하는 음식은 뭐야? 재미있게 읽었던 책은 어떤 거야?" 질문해주세요.
낱말 만들기 놀이	4~5세	쉬운 단어를 만들 수 있게 카드 수량을 조금만 준비한 후 놀이를 진행해보세요.
	6~7세	카드 수량을 늘려서 놀이를 진행해보세요.
달력 보기 놀이	4~5세	우리 가족의 생일이 언제인지 알려주세요.
	6~7세	생일 혹은 기념일을 달력에 체크하고 그날까지 얼마나 남았는지 숫자를 세어보세요.
동물 빙고 놀이	4~5세	3×3 빙고 칸에 빨간색, 노란색, 파란색 등 색깔을 다르게 칠하면서 놀이를 진행해보세요.
	6~7세	동물 그림이나 글자를 적어서 빙고 놀이를 해보세요.
말하는 대로 그리기 놀이	4~5세	아이가 말한 그림을 부모가 그린 후 아이가 따라 그릴 수 있게 해주세요.
	6~7세	한번 씩 돌아가면서 어떤 그림을 그려볼지 미션을 주세요.
반대말 말하기 놀이	4~5세	시작의 반대말은 끝이고, 밝다의 반대말은 어둡다라는 것을 알려주세요.
	6~7세	"시작의 반대는 뭘까? 밝다의 반대는 뭘까? 왼쪽의 반대는 뭘까?" 질문해주세요.

놀이	연령	방법
이야기 만들기 놀이	4~5세	그림 카드를 보여주면서 맞추기 놀이를 해보세요.
	6~7세	그림 카드 수량을 점차적으로 늘리면서 이야기를 만들어보세요.
암기 왕 놀이	4~5세	"동물원에 가면 어떤 동물이 있지? 또 뭐가 있지?" 계속 생각할 수 있게 질문해주세요.
	6~7세	동물원뿐만 아니라 도서관, 마트 등 장소를 바꿔서 질문해보세요.
영상 편지 놀이	4~5세	셀카 모드를 활용해 함께 인사하는 영상을 찍어보세요.
	6~7세	누군가에게 하고 싶은 이야기를 영상 편지로 찍어보세요. 찍고 같이 보는 것도 좋아요.
우리 가족 소개하기 놀이	4~5세	우리 가족의 그림을 같이 그려보세요.
	6~7세	우리 가족 구성원의 특징이나 이름, 생일 등을 같이 이야기해보세요.
의성어, 의태어 따라 하기 놀이	4~5세	의성어, 의태어를 들려주면서 동작을 함께 보여주세요.
	6~7세	의성어, 의태어에 맞춰 동작을 흉내 내면서 놀아보세요.
좋아하는 거 말하기 놀이	4~5세	서로 번갈아 가면서 좋아하는 걸 하나씩 이야기해보세요.
	6~7세	서로 좋아하는 게 무엇인지 확인한 후 왜 좋아하는지 이야기 나눠보세요.
책 만들기 놀이	4~5세	아이와 함께 어떤 책을 만들지 고민하고 책을 만들어보세요.
	6~7세	아이에게 스토리 작성과 그림 그리기를 맡겨보세요.

놀이	연령	가이드
촉감 말하기 놀이	4~5세	익숙한 장난감이나 재료를 이용해 무엇인지 맞추기 놀이를 해보세요.
	6~7세	아이클레이, 얼음 등 조금 더 다양한 재료를 이용해 놀이를 진행해보세요.
편지 보물찾기 놀이	4~5세	A4용지에 숫자 1, 2, 3을 따로 적은 후 집 안에 숨겨두고 모두 찾으면 아이가 좋아하는 간식 주기 놀이를 해보세요.
	6~7세	편지를 찾은 후 편지 스토리를 완성시켜볼 수 있게 도와주세요.
표정으로 말하기 놀이	4~5세	웃는 표정, 우는 표정, 화난 표정을 따라해보세요.
	6~7세	당황한 표정, 놀란 표정 등 더욱 다양한 표정을 지어보고 이야기 나눠보세요.

수학 놀이

놀이	연령	가이드
과녁 맞추기 놀이	4~5세	과녁판에 점토를 던져서 맞추기 놀이를 해보세요.
	6~7세	과녁판에 맞춘 점수를 체크하고 누가 더 높은 점수를 획득했는지 게임을 해보세요.
기억력 게임 놀이	4~5세	그림 카드 속 그림이 무엇인지 아이와 함께 읽어보세요.
	6~7세	그림 카드를 1장씩 뒤집으면서 똑같은 그림을 찾아보세요. 처음에는 10장부터 시작해서 점차 카드 수를 늘려보세요.
길이 측정 놀이	4~5세	어떤 털실의 길이가 더 긴지 아이에게 질문해보세요.
	6~7세	털실을 뽑아서 누구의 털실이 더 긴지 게임해보세요.

덧셈 놀이	4~5세	아이가 좋아하는 간식이나 장난감을 이용해 덧셈 놀이를 해보세요.
	6~7세	놀이 도안을 이용해 덧셈 놀이를 해보세요.
도형 면봉 놀이	4~5세	간단한 도형을 그린 후 그림 위에 면봉을 올려서 놀이를 해보세요.
	6~7세	아이가 면봉으로 다양한 모양을 만들 수 있게 도와주세요.
돌리면서 덧셈 놀이	4~5세	아이와 컵을 돌리면서 점이 몇 개인지 숫자를 세어보세요.
	6~7세	숫자를 제시한 후 컵의 다이얼을 돌려서 숫자 찾기 놀이를 해보세요.
땅따먹기 놀이	4~5세	점을 이어서 그림 만들기 놀이를 해보세요.
	6~7세	땅따먹기 놀이를 해보세요.
블록 장난감 숫자 놀이	4~5세	다양한 색상의 블록 장난감 그림을 그리고 색칠해보세요.
	6~7세	색칠 후 도안과 똑같은 방법으로 블록 장난감을 맞춰보세요.
마시멜로 코코아 숫자 놀이	4~5세	숫자가 그려진 컵 도안을 보고 컵에 몇 개의 마시멜로가 들어가는지 숫자 놀이를 해보세요.
	6~7세	커피숍 손님이 되어서 주문을 받고 숫자에 맞춰서 마시멜로 코코아를 제조하는 역할 놀이를 해보세요.
무슨 숫자인지 맞추기 놀이	4~5세	등에 숫자를 써서 맞추기 놀이를 해보세요. 숫자를 모르면 도형을 그려도 재미있어요.
	6~7세	숫자 쓰기 놀이를 하다가 아이가 잘하면 연산 맞추기 놀이나 글자 쓰기 놀이로 확장해보세요.

병뚜껑 숫자 세어보기 놀이	4~5세	아이에게 1에서 10까지의 숫자를 알려주세요. 잘하면 숫자를 50까지 확장해보세요.
	6~7세	1에서 50까지 숫자를 알려주세요. 잘하면 숫자를 100까지 확장해보세요.
뺄셈 놀이	4~5세	아이가 좋아하는 간식을 이용해 간식 1개를 먹으면 몇 개의 간식이 남는지 뺄셈을 알려주세요.
	6~7세	놀이 도안을 이용해 뺄셈을 알려주세요.
색종이 칠교 놀이	4~5세	인터넷에서 칠교를 검색한 후 똑같은 모양 만들기 놀이를 해보세요.
	6~7세	아이가 만들어보고 싶은 모양을 준비하고, 색종이를 이용해 만들 수 있게 해주세요.
숫자 빙고 놀이	4~5세	숫자를 모르면 동그라미를 숫자만큼 그려서 빙고 놀이를 해주세요.
	6~7세	3×3부터 시작해서 5×5로 확장해서 빙고 놀이를 해주세요.
자동차 컬링 놀이	4~5세	자동차를 누가 더 멀리 보내는지 게임해보세요.
	6~7세	서로 번갈아 가면서 자동차를 굴리고 점수를 계산해보세요.
컵으로 더하기 놀이	4~5세	컵에 있는 플레이콘을 합치면 총 몇 개가 되는지 세어보는 놀이를 해보세요.
	6~7세	더하기 놀이를 한 후 반대로 빼기 놀이를 해보세요.
클레이 숫자 놀이	4~5세	동그라미로 숫자판을 만들고 숫자만큼 트럭에 짐을 싣는 놀이를 해보세요.
	6~7세	클레이로 더하기 놀이를 한 후 반대로 트럭에서 빼는 놀이를 해보세요.

놀이	연령	가이드
연산 게임 놀이	4~5세	숫자를 모르면 동그라미를 이용해 게임을 해보세요.
	6~7세	번갈아 가면서 투명색 컵을 돌리고 연산 맞추기 놀이를 해보세요.
폼폼이 숫자 놀이	4~5세	아이가 폼폼이를 직접 붙여볼 수 있게 해주세요.
	6~7세	랜덤으로 폼폼이를 떼면서 "폼폼이가 몇 개가 남았지?" 질문으로 빼기 놀이를 응용해보세요.
피자 나누기 놀이	4~5세	피자 그림의 피자가 몇 조각 남았는지, 몇 조각을 먹었는지 질문해보세요.
	6~7세	피자 개수를 체크하면서 문제를 풀어볼 수 있는 방법을 알려주세요.

과학 놀이

놀이	연령	가이드
그림자 따라 그리기 놀이	4~5세	펜으로 그림자를 그린 후 검정색 색연필로 색칠해보세요.
	6~7세	아이가 그림자를 직접 그려볼 수 있게 해주세요.
꽃 얼음 화석 놀이	4~5세	얼음을 관찰하고 만지면서 놀아보세요.
	6~7세	아이의 관심사에 따라 공룡 피규어나 자동차 등을 이용해 얼음 놀이를 해보세요.
달 관찰하기 놀이	4~5세	달은 모양이 여러 가지로 변한다는 걸 알려주세요.
	6~7세	쿠키를 이용해 달 모양을 만들어볼 수 있게 해주세요.

놀이	연령	내용
달걀 탱탱볼 만들기 놀이	4~5세	달걀을 식초에 담궈서 어떤 변화가 있는지 이야기 나눠보세요.
	6~7세	식초에서 달걀 탱탱볼을 꺼내서 아이가 만질 수 있게 해주세요.
물감 흡수 놀이	4~5세	물감 흡수 놀이를 보여주고 완성된 그림을 보며 이야기 나눠보세요.
	6~7세	아이가 직접 놀이를 진행할 수 있도록 도와주세요.
마시멜로 탑 쌓기 놀이	4~5세	마시멜로를 스파게티 면에 끼워보세요.
	6~7세	세로로 긴 탑이나 다리 등 다양한 구조물을 만들어보세요.
먹이 사슬 피라미드 놀이	4~5세	아이가 먹이 사슬에 등장하는 동물 그림을 색칠할 수 있게 도와주세요.
	6~7세	놀이를 한 후 먹이 사슬과 관련 그림책을 읽어주세요.
바닷물 관찰하기 놀이	4~5세	"소금물에 토마토를 넣으면 어떻게 될까?" 질문하고 실험해보세요.
	6~7세	놀이를 한 후 바다와 관련된 그림책을 읽어주세요.
봉지에 구멍 뚫기 놀이	4~5세	"물이 담긴 봉지를 연필로 구멍 뚫으면 어떻게 될까?" 질문하고 놀이를 해보세요.
	6~7세	물이 담긴 봉지에 연필로 구멍을 뚫어도 물이 새지 않는 이유를 질문하고, 설명해주세요.
분자 구조 만들기 놀이	4~5세	홈런볼 과자와 이쑤시개로 아이가 원하는 모양을 만들 수 있게 해주세요.
	5~6세	인터넷으로 분자 구조를 찾아본 후 따라 만들어보고 누가 높게 쌓을 수 있는지 게임을 해보세요.

놀이	연령	내용
비행기 발사기 놀이	4~5세	발사기로 종이비행기 날리는 방법을 알려주세요.
	6~7세	발사기를 하나 더 만들어서 누가 더 멀리 종이비행기를 날리는지 게임해보세요.
사라지는 잠수함 놀이	4~5세	"잠수함이 어떻게 될까?" 질문하고 놀이 과정을 아에게 보여주세요.
	6~7세	놀이가 끝난 뒤 빛과 관련된 그림책을 읽어주세요.
손 안 대고 연필 부러뜨리기 놀이	4~5세	"연필이 어떻게 될까?" 질문하고 놀이 과정을 관찰할 수 있게 해주세요.
	6~7세	놀이가 끝난 뒤 "왜 이렇게 될까?" 질문해주세요. 그리고 빛과 관련된 그림책을 읽어주세요.
수평 잡기 놀이	4~5세	도구를 이용해 수평을 잡을 수 있도록 도와주세요.
	6~7세	아이 스스로 수평을 잡을 수 있도록 다양한 물건을 준비하고 놀이가 끝난 뒤 수평에 대해 알려주세요.
숟가락 투석기 놀이	4~5세	숟가락 투석기를 이용해 지우개를 누가 멀리 날리는지 게임해보세요.
	6~7세	숟가락 투석기를 이용해 지우개를 컵 속에 골인시키는 게임을 해보세요.
식빵에 글씨 쓰기 놀이	4~5세	물을 이용해서 식빵에 간단한 그림을 그릴 수 있도록 도와주세요.
	6~7세	물을 이용해서 식빵에 간단한 글씨 혹은 그림을 그릴 수 있도록 도와주세요.
야광 컵 조명 만들기 놀이	4~5세	불을 끄고 야광 컵 조명을 관찰하고 흔들면서 놀아요.
	6~7세	놀이가 끝난 후 야광에 대해서 알려주세요.

놀이	연령	가이드
어떤 귤이 더 무거울까 놀이	4~5세	껍질을 깐 귤과 껍질을 까지 않은 귤 중에서 어떤 귤이 더 무거울지 질문하고 이야기 나눠보세요.
	6~7세	놀이가 끝난 후 구명조끼를 예로 들어서 밀도에 대해 설명해주세요.
얼음낚시 놀이	4~5세	"어떻게 하면 실로 얼음을 들어올릴 수 있을까?" 질문해보세요.
	6~7세	놀이가 끝난 뒤 소금을 얼음 위에 뿌리면 일어나는 현상에 대해서 이야기해주세요.
입 안 대고 풍선 불기 놀이	4~5세	입을 안 대고 풍선이 혼자 커질 수 있다는 이야기를 통해 아이의 호기심을 끌어주세요.
	6~7세	"어떻게 하면 입을 안 대고 풍선을 불 수 있을까?" 질문하고 아이 스스로 생각해볼 수 있는 시간을 주세요.

미술 놀이

놀이	연령	가이드
가위 없이 만드는 나무 놀이	4~5세	색종이를 손으로 뜯어서 종이에 붙여보세요.
	6~7세	놀이가 끝난 뒤 모자이크 기법에 대해 알려주세요.
데칼코마니 놀이	4~5세	종이를 펼쳐서 그림을 관찰할 수 있게 해주세요.
	6~7세	놀이가 끝난 뒤 데칼코마니 기법에 대해 알려주세요.
몬드리안 따라잡기 놀이	4~5세	아이가 직접 물을 뿌리고 셀로판지를 붙일 수 있게 해주세요.
	6~7세	햇빛이 들어올 때 그림자를 확인하고 놀이가 끝난 뒤 몬드리안 작품을 함께 찾아보세요.

놀이	연령	내용
몬스터 만들기 놀이	4~5세	몬스터를 만들어보세요.
	6~7세	몬스터를 이용해 재미있는 상황극을 해보고, 영화 토이스토리를 함께 보면서 의인화가 무엇인지 알려주세요.
반대쪽 그림 그리기 놀이	4~5세	거울을 이용해 반대쪽 대칭 그림을 보여주세요.
	6~7세	아이가 스스로 대칭 그림을 완성할 수 있게 도와주세요.
벚꽃나무 만들기 놀이	4~5세	벚꽃나무 만들기 놀이를 해보세요.
	6~7세	놀이가 끝난 뒤 오브제가 무엇인지 알려주세요.
붙여서 만드는 소조 놀이	4~5세	아이와 함께 붙여서 만드는 소조 놀이를 해보세요.
	6~7세	놀이가 끝난 뒤 소조가 무엇인지 알려주세요. 플라스틱 조각칼을 이용해 조각하는 놀이로 확장할 수 있어요.
샤메크 블루위 따라잡기 놀이	4~5세	그림 도안을 만들고 집 안이나 야외에서 그림 배경을 바꿔보세요.
	6~7세	놀이가 끝난 뒤 샤메크 블루위의 그림과 사진을 함께 구경해보세요.
섞으면 무슨 색이 될까 놀이	4~5세	"서로 다른 색의 물감을 섞으면 무슨 색일까?" 질문하고 놀이를 진행해보세요.
	6~7세	서로 다른 색의 물감을 섞으면 어떤 색이 될지 미리 예측해보고 실험을 통해 확인해보세요.
손바닥 동물 그리기 놀이	4~5세	A4용지에 아이의 손바닥을 따라 그린 뒤 색칠해보세요.
	6~7세	종이에 아이의 손바닥을 따라 그린 뒤 동물 그림으로 꾸며보세요.

놀이	연령	내용
수건 곰 인형 만들기 놀이	4~5세	아이와 함께 수건으로 곰 인형을 만들어보세요.
	6~7세	곰 인형을 만들어서 상황극 놀이를 해보세요.
신발 리폼 놀이	4~5세	신발을 예쁘게 리폼해보세요.
	6~7세	놀이가 끝난 뒤 리폼이 무엇인지 알려주세요.
알록달록 뱀 만들기 놀이	4~5세	뱀 그림을 그리고 그 위에 플레이콘을 붙여보세요.
	6~7세	놀이가 끝난 뒤 플레이콘이 물에 녹는 이유를 설명해주세요.
에바 알머슨 따라잡기 놀이	4~5세	꽃 모양 스티커를 붙여서 그림을 완성해보세요.
	6~7세	놀이가 끝난 뒤 화가 에바 알머슨의 작품을 감상해보세요.
우산 꾸미기 놀이	4~5세	투명색 우산 안쪽에 스티커를 붙여서 예쁘게 꾸며보세요.
	6~7세	투명색 우산 바깥쪽에 네임펜으로 그림을 그려보세요.
잡지책 콜라주 놀이	4~5세	아이가 좋아하는 동물 그림책이나 잡지를 잘라서 A4용지에 붙여보세요.
	6~7세	그림뿐만 아니라 글자를 붙여서 편지를 완성한 뒤 콜라주가 무엇인지 설명해주세요.
재활용품 아상블라주 놀이	4~5세	재활용품을 이용해 로봇이나 자동차를 만들어보세요.
	6~7세	놀이가 끝난 뒤 아상블라주가 무엇인지 알려주세요.

놀이	연령	가이드
전신 그리기 놀이	4~5세	아이와 함께 전신 꾸미기 놀이를 해보세요.
	6~7세	어떤 옷을 그릴지, 어떤 친구를 그릴지 이야기 나눈 후 놀이를 진행해보세요.
조르주 쇠라 따라잡기 놀이	4~5세	손가락으로 점을 찍어서 그림을 완성해보세요.
	6~7세	면봉을 이용해 조금 더 디테일하게 그림을 완성해보세요. 그리고 점묘법에 대해 알려주세요. 조르주 쇠라의 작품을 감상하는 것도 좋아요.
포일 판화 놀이	4~5세	포일에 물감을 뿌리고 판화 찍기 놀이를 해보세요.
	6~7세	놀이가 끝난 뒤 판화가 무엇인지 알려주세요.
편지 카드 만들기 놀이	4~5세	그림 편지를 만들어보세요.
	6~7세	누구에게 편지를 쓸지 대상을 정한 뒤 편지를 완성해보세요.
흔들면 색이 변하는 놀이	4~5세	"페트병을 흔들면 색이 어떻게 변할까?" 질문하고 페트병을 흔들어주세요.
	6~7세	놀이가 끝난 뒤 물감 물을 서로 섞으면 어떤 색으로 변하는지 실험해보세요.

신체 놀이

놀이	연령	가이드
공 주고받기 놀이	4~5세	공을 굴려서 주고받는 놀이부터 시작해보세요.
	6~7세	공을 앉아서 받거나, 서서 받거나, 다양한 방법으로 주고받기 놀이를 해보세요.

놀이	연령	설명
병뚜껑 알까기 놀이	4~5세	병뚜껑을 손가락으로 쳐서 누가 멀리 보내는지 놀이를 해보세요.
	6~7세	연습할 수 있는 시간을 충분히 주고 실력이 올라가면 같이 게임해보세요.
림보 놀이	4~5세	의자에 줄넘기를 연결하고 몸을 아래로 숙여서 통과해보세요.
	6~7세	다리를 벌리거나 몸을 뒤로 눕혀서 지나가는 방법으로 놀이를 즐겨보세요.
물 옮기기 놀이	4~5세	작은 페트병을 이용하여 물 옮기기 놀이를 해보세요.
	6~7세	물을 흘리지 않고 누가 더 빨리 옮길 수 있는지 게임해보세요.
바구니 농구 놀이	4~5세	가까운 거리에서 공을 던져서 바구니에 골인시키는 놀이를 해보세요.
	6~7세	한 손, 두 손, 바운드하여 던지기 등 다양한 방법으로 공을 바구니에 넣어보세요.
균형 잡기 놀이	4~5세	아이의 손을 잡아주고 균형 잡기 놀이를 해보세요.
	6~7세	누가 더 균형을 잘 잡나 번갈아 가면서 게임을 해보세요.
볼링 놀이	4~5세	가까운 거리에서 공을 굴려보세요.
	6~7세	조금 더 멀리서 공을 굴려보세요. 한 번씩 번갈아 가면서 누가 핀을 많이 쓰러뜨리는지 게임해보세요.
브이자로 걷기 놀이	4~5세	부모님이 시범을 보여주고 아이가 따라할 수 있게 도와주세요.
	6~7세	아이와 함께 누가 더 멀리갈 수 있는지 게임해보세요.

손바닥 발바닥 찍기 놀이	4~5세	손바닥 발바닥을 인지시키면서 천천히 앞으로 나아갈 수 있게 도와주세요.
	6~7세	시간을 체크하면서 누가 더 빨리 결승점에 도달하는지 게임해보세요.
손가락 펌프 놀이	4~5세	손가락으로 펌프하는 방법을 천천히 알려주세요.
	6~7세	펌프판을 2장 만들어서 누가 더 빨리 손가락 펌프를 하는지 게임해보세요.
수건 당기기 놀이	4~5세	아이가 다치지 않게 주의하면서 수건 당기기 놀이를 해보세요.
	6~7세	수건뿐만 아니라 깍지를 껴서 팔 고리를 만들고 당기기 놀이를 즐겨보세요.
숟가락 물건 옮기기 놀이	4~5세	큰 숟가락을 이용해 물건 옮기기 놀이를 연습해보세요.
	6~7세	아이와 함께 누가 빨리 더 장난감을 옮기는지 게임해보세요.
아슬아슬 평형대 놀이	4~5세	털실을 일자로 펼친 후 균형을 잡으면서 털실 위로 걷는 방법을 알려주세요.
	6~7세	삼각형, 네모, 동그라미 등 털실 모양을 다양하게 바꿔가면서 놀이를 해보세요.
온몸으로 흉내 내기 놀이	4~5세	토끼, 사자, 공룡처럼 아이가 좋아하는 동물을 흉내 내면서 놀이해보세요.
	6~7세	서로 좋아하는 동물을 흉내 내고 어떤 동물인지 맞추는 동작 퀴즈 놀이를 해보세요.
위로 위로 쌓기 놀이	4~5세	페트병 2개를 이용해 쌓기 놀이를 해보세요.
	6~7세	여러 개의 페트병을 이용해 쌓기 놀이를 해보세요.

젓가락으로 콩 옮기기 놀이	4~5세	보조 기구가 달린 젓가락을 이용해 콩을 옮겨보세요.
	6~7세	누가 누가 콩을 더 빨리 옮기는지 게임해보세요.
종이컵 쌓기 놀이	4~5세	아이와 함께 종이컵을 쌓고 부수는 놀이를 해보세요.
	6~7세	아이가 만들고 싶어 하는 모양으로 종이컵을 쌓아보세요.
휴지로 컵 당기기 놀이	4~5세	컵에 있는 물이 흐르지 않도록 휴지를 천천히 당기는 방법을 알려주세요.
	6~7세	누가 더 빨리 휴지를 당겨서 컵을 움직이는지 게임해보세요.

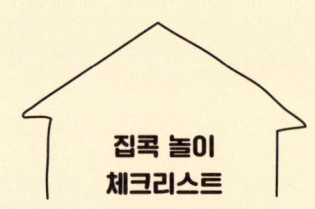

집콕 놀이
체크리스트

『아이를 크게 키우는 집콕 놀이』를 한 번 해봤다고 놀이를 멈추지 마세요. 한 번 해봤던 놀이도 시간이 지나서 다시 해보면 또 다르게 노는 아이를 발견할 수 있어요. 놀이를 반복해서 자주하면 좋겠지만 그게 어렵다면 최소 세 번은 할 수 있게 도와주세요. 놀이를 할 때 마다 스탬프를 찍거나 스티커를 붙여서 체크리스트를 완성해보세요.

언어 놀이

보여주고 말하기 놀이			감정 온도계 놀이			거꾸로 말하기 놀이			끝말잇기 놀이		
1	2	3	1	2	3	1	2	3	1	2	3

나를 살펴보는 놀이			낱말 만들기 놀이			달력 보기 놀이			동물 빙고 놀이		
1	2	3	1	2	3	1	2	3	1	2	3

말하는 대로 그리기 놀이			반대말 말하기 놀이			이야기 만들기 놀이			암기 왕 놀이		
1	2	3	1	2	3	1	2	3	1	2	3

영상 편지 놀이			우리 가족 소개하기 놀이			의성어, 의태어 따라하기 놀이			좋아하는 거 말하기 놀이		
1	2	3	1	2	3	1	2	3	1	2	3

책 만들기 놀이			촉감 말하기 놀이			편지 보물찾기 놀이			표정으로 말하기 놀이		
1	2	3	1	2	3	1	2	3	1	2	3

수학 놀이

과녁 맞추기 놀이			기억력 게임 놀이			길이 측정 놀이			덧셈 놀이		
1	2	3	1	2	3	1	2	3	1	2	3

도형 면봉 놀이			돌리면서 덧셈 놀이			땅따먹기 놀이			블록 장난감 숫자 놀이		
1	2	3	1	2	3	1	2	3	1	2	3

마시멜로 코코아 숫자 놀이			무슨 숫자인지 맞추기 놀이			병뚜껑 숫자 세어보기 놀이			뺄셈 놀이		
1	2	3	1	2	3	1	2	3	1	2	3

색종이 칠교 놀이			숫자 빙고 놀이			자동차 컬링 놀이			컵으로 더하기 놀이		
1	2	3	1	2	3	1	2	3	1	2	3

클레이 숫자 놀이			연산 게임 놀이			퐁퐁이 숫자 놀이			피자 나누기 놀이		
1	2	3	1	2	3	1	2	3	1	2	3

과학 놀이

그림자 따라 그리기 놀이			꽃 얼음 화석 놀이			달 관찰하기 놀이			달걀 탱탱볼 만들기 놀이		
1	2	3	1	2	3	1	2	3	1	2	3

물감 흡수 놀이			마시멜로 탑 쌓기 놀이			먹이 사슬 피라미드 놀이			바닷물 관찰하기 놀이		
1	2	3	1	2	3	1	2	3	1	2	3

봉지에 구멍 뚫기 놀이			분자 구조 만들기 놀이			비행기 발사기 놀이			사라지는 잠수함 놀이		
1	2	3	1	2	3	1	2	3	1	2	3

손 안대고 연필 부러뜨리기 놀이			수평 잡기 놀이			숟가락 투석기 놀이			식빵에 글씨 쓰기 놀이		
1	2	3	1	2	3	1	2	3	1	2	3

야광 컵 조명 만들기 놀이			어떤 귤이 더 무거울까 놀이			얼음낚시 놀이			입 안대고 풍선 불기 놀이		
1	2	3	1	2	3	1	2	3	1	2	3

미술 놀이

가위 없이 만드는 나무 놀이			데칼코마니 놀이			몬드리안 따라잡기 놀이			몬스터 만들기 놀이		
1	2	3	1	2	3	1	2	3	1	2	3

반대쪽 그림 그리기 놀이			벚꽃나무 만들기 놀이			붙여서 만드는 소조 놀이			샤메크 블루위 따라잡기 놀이		
1	2	3	1	2	3	1	2	3	1	2	3

섞으면 무슨 색이 될까 놀이			손바닥 동물 그리기 놀이			수건 곰 인형 만들기 놀이			신발 리폼 놀이		
1	2	3	1	2	3	1	2	3	1	2	3

알록달록 뱀 만들기 놀이			에바 알머슨 따라잡기 놀이			우산 꾸미기 놀이			잡지책 콜라주 놀이		
1	2	3	1	2	3	1	2	3	1	2	3

재활용품 아상블라주 놀이			전신 그리기 놀이			조르주 쇠라 따라잡기 놀이			포일 판화 놀이		
1	2	3	1	2	3	1	2	3	1	2	3

편지 카드 만들기 놀이			흔들면 색이 변하는 놀이		
1	2	3	1	2	3

신체 놀이

공 주고받기 놀이			병뚜껑 알까기 놀이			림보 놀이			물 옮기기 놀이		
1	2	3	1	2	3	1	2	3	1	2	3

바구니 농구 놀이			균형 잡기 놀이			볼링 놀이			브이자로 걷기 놀이		
1	2	3	1	2	3	1	2	3	1	2	3

손바닥 발바닥 찍기 놀이			손가락 펌프 놀이			수건 당기기 놀이			숟가락 물건 옮기기 놀이		
1	2	3	1	2	3	1	2	3	1	2	3

아슬아슬 평형대 놀이			온몸으로 흉내 내기 놀이			위로 위로 쌓기 놀이			젓가락으로 콩 옮기기 놀이		
1	2	3	1	2	3	1	2	3	1	2	3

종이컵 쌓기 놀이			휴지로 컵 당기기 놀이		
1	2	3	1	2	3

CHAPTER 2

언어 능력이
쑥쑥 자라는

집콕 언어 놀이

집콕 언어 놀이
01
보여주고 말하기 놀이

놀이 효과
- 관찰력
- 언어 능력
- 자신감

좋아하는 물건을 이야기하고, 소개하는 놀이를 해보세요. 아이들은 생각보다 물건을 좋아하는 이유가 많이 있답니다.

Let's Play

준비물

아이가 좋아하는 물건
(인형 또는 장난감,
문구류 등)

1. 아이가 좋아하는 물건을 준비해주세요.

2. 아이에게 좋아하는 물건이 어떤 물건인지, 어떤 부분이 좋은지 소개를 부탁하세요.

3. 물건을 소개하고 좋아하는 이유를 말하는 시간을 가져요.

4. 놀이를 통해 아이가 자신의 생각을 말하는 능력이 자라나요.

확장 놀이

좋아하는 장난감 이외에 다양한 물건이나 사물, 사람 등으로 대상을 확장해서 특징을 설명하고 말하는 연습을 해보세요.

집콕 언어 놀이
02
감정 온도계 놀이

놀이 효과

공감 능력
소통 능력

아이가 자신의 감정을 온도계 점수로 표현하면 어떨까요? 온도계로 스스로의 마음 상태를 확인해볼 수 있는 놀이예요.

Let's Play

A4용지
펜
색연필

1 A4용지, 펜, 색연필을 준비해 주세요.

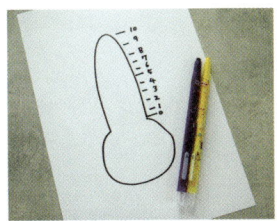

2 A4용지에 온도계를 그린 후 1부터 10까지 점수를 적어주세요.

3 아이에게 "오늘은 얼마나 행복해? 점수로 이야기해줘."라고 물어봐주세요.

4 색연필로 점수를 체크할 수 있게 해주세요. 그리고 "우와 그만큼 행복해?"라고 공감해주면서 행복한 이유를 물어봐주세요.

확장 놀이

감정 온도계 그림 없이도 "얼마나 재미있어? 오늘 기분은 몇 점이야?"라고 수시로 물어봐주세요. 아이가 자신의 감정을 되돌아볼 수 있게 된답니다.
아이의 기분이 좋지 않다면 점수를 물어보고 "어떻게 하면 기분이 좋아질까?" 이야기 나눠보세요. 그리고 나중에 기분이 좋아졌을 때의 점수도 물어봐주세요.

집콕 언어 놀이 03
거꾸로 말하기 놀이

놀이 효과

언어 능력
소통 능력
집중력

아이와 함께 거꾸로 말하기 놀이를 해보세요. 아이의 기억력과 두뇌 발달에 많은 도움을 준답니다.

Let's Play

A4용지

펜

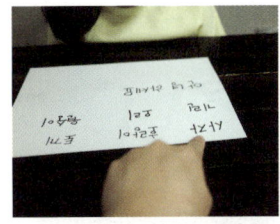

1. A4용지에 사자, 호랑이, 물고기 등 여러 가지 단어를 적어주세요.

2. 단어를 거꾸로 읽는 방법을 설명해주세요.

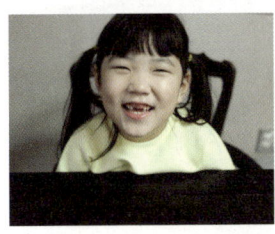

3. 단어를 거꾸로 읽는 것에 익숙해졌다면, 종이를 치우고 거꾸로 말하기 놀이를 해보세요.

확장 놀이

거꾸로 말하기 놀이는 장거리 이동 중 차 안에서도 재미있게 할 수 있어요. 아이에게 단어를 하나 제시하고 거꾸로 말하기 놀이를 해보세요. 단어에서 짧은 문장으로 점점 놀이를 확장할 수도 있어요.

집콕 언어 놀이
04
끝말잇기 놀이

놀이 효과
언어 능력
소통 능력

아이와 함께 끝말잇기 놀이를 해보세요. 아이의 어휘력과 언어 능력이 확장될 수 있어요.

Let's Play

A4용지
펜

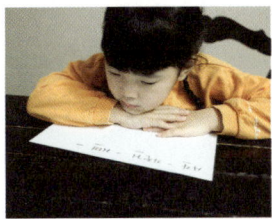

1 끝말잇기 놀이를 하면서 A4용지에 단어를 적어보세요.

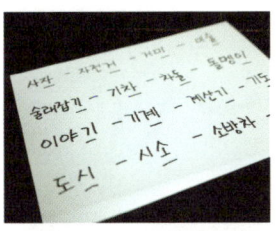

2 단어의 마지막 글자에 밑줄을 긋고 아이가 다음 시작 단어를 고민할 수 있게 도와주세요.

3 놀이가 익숙해지면 A4용지를 치우고 게임을 해보세요.

확장 놀이

끝말잇기 놀이는 이동 중 차 안에서 하면 굉장히 재미있게 할 수 있어요. 아이가 놀이에 익숙해질 수 있도록 자주 하는 시간을 가져보세요.

049

짝꿍 언어 놀이 05
나를 살펴보는 놀이

놀이 효과
- 관찰력
- 소통 능력
- 언어 능력

나에 대해 알아보는 놀이를 해보세요. 신체 특징부터 성격 특징까지 이것저것 질문하면서 나를 관찰하고 살펴볼 수 있어요.

Let's Play

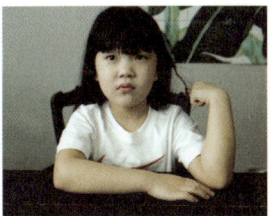

1 아이에게 간단한 질문을 해보세요.

2 "코는 몇 개야? 눈은 몇 개야? 귀는 몇 개야?"

3 "좋아하는 음식이 뭐야? 가장 재미있게 읽은 책은 어떤 책이야?" 등 아이가 좋아하고 싫어하는 게 무엇인지 물어보세요.

준비물

없음

확장 놀이

"좋아하는 음식이 뭐야?" 질문 다음에 "왜 좋아하는 거야?"라고 질문을 확장해서 물어봐도 좋답니다.

집콕 언어 놀이
06
낱말 만들기 놀이

놀이 효과

언어 능력
관찰력
집중력

글자 하나 하나를 합쳐서 단어를 만들어보는 놀이에요. 아이의 관찰력과 언어 능력이 높아진답니다.

Let's Play

A4용지
펜

1 A4용지, 펜을 준비해주세요.

2 A4용지를 작은 크기로 자른 후 글자를 적어주세요.

3 글자 카드를 펼쳐 놓고 단어를 만들어보세요.

확장 놀이

처음에는 아이가 알고 있는 글자를 조합하여 단어를 만들 수 있게 해주세요. 그러다 점점 카드 수를 늘리면서 여러 단어의 조합이 나올 수 있게 도와주면 더 재미있게 놀 수 있어요.

집콕 언어 놀이
07
달력 보기 놀이

놀이 효과

친밀감
기억력
관찰력

달력을 보면서 요일과 계절에 대해 이야기 나눠보세요. 그리고 우리 가족 생일이 언제인지 달력에 체크한 후 기억하는 놀이를 해보세요.

Let's Play

달력
펜

1. 달력을 준비해주세요. 한눈에 들어오는 달력이 좋아요.

2. 달력에는 1월부터 12월까지 있다는 것을 알려주세요.

3. 12~2월까지 겨울, 3~5월까지 봄, 6~8월까지 여름, 9~11월까지 가을이라는 것을 알려주세요. 요일에 대해서도 알려주세요.

4. 달력 보는 법을 알게 되었다면 가족의 생일을 달력에 체크해보세요.

확장 놀이

오늘이 며칠인지 찾아보게 하고 기념일 등을 확인해보세요. 그리고 기다리는 기념일까지 얼마나 남았는지 숫자를 세어보면서 날짜 개념을 알려주세요.

집콕 언어 놀이
08
동물 빙고 놀이

놀이 효과

집중력
언어 능력
관찰력

어린 시절에 하던 빙고 놀이를 함께 해보세요. 빙고 놀이를 통해 한글도 익히고 재미도 잡을 수 있답니다.

Let's Play

A4용지
펜

1. A4용지에 9칸짜리 표를 만들고 칸 안에 동물 이름을 적어보세요.

2. 글자를 모르면 여러 가지 동물 이름을 적어주고 읽어 보게 한 후 따라 적게 해주세요.

3. 아이와 번갈아 가면서 동물 이름을 말하고 중복되는 이름은 색칠해보세요.

확장 놀이

3×3에서 5×5로 빙고 칸을 늘릴 수 있어요. 동물뿐만 아니라 음식 이름, 자동차 종류, 공룡 이름 등 아이의 관심 분야로 빙고 게임을 확장하면 더욱 더 재미있게 놀 수 있어요.

집콕 언어 놀이
09

말하는 대로 그리기 놀이

놀이 효과

소통 능력
협동력
친밀감

말하는 대로 그림 그리는 놀이를 해보세요. 방법은 간단해요. 한 번씩 돌아가면서 상대방이 말하는 사물을 서로 그리는 거죠. 다 그린 후 그림을 비교해보고 이야기도 나눠보세요.

Let's Play

A4용지

색연필

1. A4용지, 색연필을 준비해주세요.

2. A4용지에 어떤 걸 그릴지 이야기를 나눠보고 그림을 그려보세요.

3. 처음에는 그리기 쉬운 도형부터 그려보세요.

4. 난이도를 높여서 도형 이외에 다른 사물에 대해 이야기하면서 그림을 그려보세요.

확장 놀이

물고기나 집, 꽃, 자동차, 해, 별 등에 대해 이야기하고 그림을 그려서 비교해보면 더욱 재미있어요.

집콕 언어 놀이
10
반대말 말하기 놀이

놀이 효과

언어 능력
소통 능력
집중력

반대말 말하기 놀이를 통해 아이의 어휘력과 언어 능력을 키워주세요.

Let's Play

없음 _____

1. 아이에게 단어를 제시한 후 반대말이 무엇인지 물어보세요.

2. 크다-작다, 두껍다-얇다, 왼쪽-오른쪽, 위-아래 등의 반대말로 대화를 나눠요.

3. 아이와 함께 반대말 말하기 놀이를 하면서 언어 능력을 키워보세요.

확장 놀이

시작-끝, 많다-적다, 밝다-어둡다, 시끄럽다-조용하다, 짝수-홀수, 넓다-좁다, 깊다-얕다, 높다-낮다, 빠르다-느리다 등 더 많은 반대말로 대화를 나눠보세요.

집콕 언어 놀이
11
이야기 만들기 놀이

놀이 효과

언어 능력
창의력
관찰력

카드를 이용해 아이와 함께 이야기를 만들면서 놀아보세요. 아이의 상상력과 창의력이 쑥쑥 자란답니다.

Let's Play

그림 카드

1 그림 카드를 준비해주세요.

2 카드 2장을 골라서 그림을 보고 이야기를 만들어보세요.

3 아이에게 먼저 시범을 보여주면 금방 따라한답니다.

확장 놀이

카드 3장으로 이야기 만들기, 4장으로 이야기 만들기 등 카드 수량을 늘리면서 놀이를 확장해주세요.

집콕 언어 놀이
12
암기 왕 놀이

놀이 효과

언어 능력
소통 능력
집중력

암기 왕 놀이는 아이의 관찰력과 기억력을 높여줘요. 상대방이 말한 문장 뒤에 다음 문장을 이어붙여서 게임을 해보세요.

Let's Play

A4용지

펜

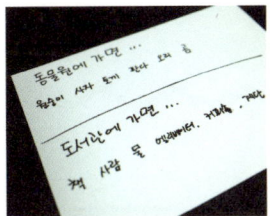

1 A4용지에 문장을 이어붙여서 말하는 놀이 규칙을 적고 아이에게 알려주세요.

2 '동물원에 가면 원숭이도 있고'라고 말해요.

3 다음 사람이 '동물원에 가면 원숭이도 있고 사자도 있고'라고 하면 돼요.

확장 놀이

동물원뿐만 아니라 도서관이나 마트 등 장소를 바꿔가면서 놀이를 진행해보세요.

집콕 언어 놀이
13
영상 편지 놀이

놀이 효과
- 소통 능력
- 공감 능력
- 자신감

언택트 시대에 맞춰서 영상 편지를 찍어볼까요? 하고 싶은 말을 정리하고 말하면서 아이의 언어 전달 능력이 쑥쑥 자라난답니다.

Let's Play

스마트폰
삼각대

1. 스마트폰과 삼각대를 준비해 주세요.
2. 누구에게 영상 편지를 쓸지 아이에게 물어보세요. 엄마, 아빠, 친구 등 누구든 좋아요.

3. 하고 싶은 말이 준비되었다면 카메라로 녹화를 시작해주세요.
4. 녹화가 끝났다면 촬영한 영상을 함께 보세요.

확장 놀이

자기소개 영상을 찍어보는 것도 재미있어요.

집콕 언어 놀이
14
우리 가족 소개하기 놀이

놀이 효과
- 친밀감
- 자신감
- 표현력

우리 가족을 그림으로 그린 후 한 명 한 명 소개해보세요. 아이가 생각하는 우리 가족에 대해 알 수 있답니다.

Let's Play

A4용지

색연필

1 A4용지, 색연필을 준비해주세요.

2 우리 가족을 그려보세요.

3 그림을 완성한 후 가족 구성원의 특징을 말로 표현해보세요.

확장 놀이

가족의 외형적인 특징뿐만 아니라 이름, 생일, 잘하는 것 등에 대해 이야기하는 시간을 가져보세요.

집콕 언어 놀이
15
의성어, 의태어 따라 하기 놀이

놀이 효과

언어 능력
표현력
자신감

아이에게 의성어와 의태어를 말해주고 행동으로 움직여보는 놀이예요. 의성어랑 의태어를 익히며 재미있게 놀 수 있어요.

Let's Play

없음

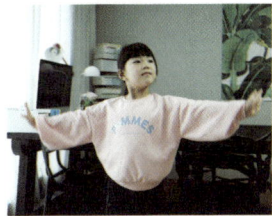 

1. 아이에게 의성어와 의태어를 말해주고 단어에 맞춰 움직여 보세요.

2. 훨훨, 덩실덩실, 슬금슬금, 호로록, 물컹물컹, 울퉁불퉁, 주룩주룩, 비틀비틀 등을 말하며 온몸으로 표현해요.

확장 놀이

대롱대롱, 흥얼흥얼, 꼴깍꼴깍, 질질, 달그락달그락, 아삭아삭, 말랑말랑, 폴짝폴짝, 엉금엉금, 뿡뿡, 쨍쨍, 절레절레, 느릿느릿, 꼬르륵, 주렁주렁, 꾸물꾸물, 길쭉길쭉, 방긋방긋, 반짝반짝, 콜록콜록 등 다양한 의성어, 의태어를 말하고 동작을 흉내내면서 재미있게 놀 수 있어요.

집콕 언어 놀이
16
좋아하는 거 말하기 놀이

놀이 효과

친밀감
기억력
언어 능력

아이와 함께 좋아하는 걸 종이에 번갈아 적어 보고, 읽어 보면서 서로에 대해 친밀감을 느낄 수 있는 놀이예요.

Let's Play

A4용지

펜

1. A4용지를 반으로 접고 가운데에 선을 그어주세요.

2. 아이와 번갈아 가면서 좋아하는 걸 적어보세요.

3. 적은 것을 서로 서로 소리내어 읽어보세요.

확장 놀이

서로 무엇을 좋아하는지 확인한 후 왜 좋아하는지 이유에 대해서 물어보는 시간을 가져요.

073

집콕 언어 놀이
17
책 만들기 놀이

놀이 효과

창의력
집중력
자신감

아이와 함께 책 만들기 놀이를 해보세요. 스토리를 만들고, 그림을 그리면서 한 권의 책을 완성해보세요.

Let's Play

1. A4용지를 여러 장으로 겹치고 반 접어 주세요. 접힌 부분에 호치키스를 찍어주세요.

2. 표지부터 본문 마지막 장까지 글도 쓰고 그림도 그리면서 책을 만들어보세요.

A4용지 여러 장

호치키스

색연필

확장 놀이

처음에는 페이지를 얇게 만들고, 점점 장 수를 늘려나가면서 하나의 책을 완성해보세요. 다른 종이에 스토리와 그림을 미리 구성하는 것도 재미있답니다.

집콕 언어 놀이
18
촉감 말하기 놀이

놀이 효과

추리력
표현력
상상력

보이지 않는 물건을 손으로 만지면서 촉감을 말로 표현해보는 놀이예요. 다양한 물건을 준비하여 촉감 말하기 놀이를 즐겨보세요.

Let's Play

1 박스를 준비해주세요.

2 박스 한쪽에는 손을 넣을 수 있는 구멍을 만들고, 반대쪽은 전부 잘라주세요.

3 박스를 수건으로 덮으면 비밀 상자 완성이에요.

4 박스에 물건을 넣어서 아이가 만질 수 있게 해주세요. 어떤 느낌인지 물어보고 어떤 물건인지 유추할 수 있게 해주세요.

준비물

박스

수건

확장 놀이

아이클레이나 얼음 등 다양한 촉감을 가진 물건들을 제시해주면 더욱 재미있는 놀이를 할 수 있답니다.

집콕 언어 놀이
19
편지 보물찾기 놀이

놀이 효과

관찰력
집중력
언어 능력

종이에 편지를 쓰고 보물찾기 놀이를 해보세요. 무언가를 찾는 것만으로도 아이는 재미를 느낀답니다. 편지에 메시지가 있다면 더욱 재미있겠죠?

Let's Play

A4용지

펜

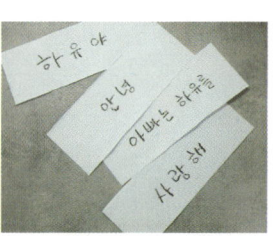

1. A4용지를 세로로 길게 4번 접어주세요.

2. 접은 부분을 자른 후 펜을 이용해 편지를 써주세요.

3. 다시 종이를 반 접어서 집 안 어딘가에 숨겨주세요.

4. 보물찾기 놀이 후 찾은 편지를 합쳐서 문장을 완성해보세요.

확장 놀이

아이에게 하고 싶은 말을 편지로 써서 보물찾기 놀이를 하면 더욱 재미있게 놀 수 있어요.

집콕 언어 놀이
20
표정으로 말하기 놀이

놀이 효과

공감 능력
소통 능력
친밀감

아이와 서로의 표정을 보면서 어떤 표정인지 이야기해보세요. 놀이를 통해 아이가 감정을 자연스럽게 표현할 수 있답니다.

Let's Play

A4용지

펜

1 A4용지에 다양한 감정이 표현된 이모티콘을 그려주세요.

2 이모티콘을 보고 어떤 느낌인지 이야기하고 표정을 따라해 보세요.

확장 놀이

아이와 번갈아 가면서 표정을 짓고, 어떤 느낌인지 맞추는 놀이도 재미있어요.

놀이와 함께 읽으면 좋아요

재미있는 언어 놀이를 하기 위해서는 아이의 언어 발달이 빠르면 빠를수록 좋겠죠? 언어의 성장뿐만 아니라 한글을 익히는 데 도움을 주는 그림책을 소개할게요. 아이와 함께 재미있게 읽어보세요.

어서오세요 ㄱㄴㄷ뷔페
최경식 지음
위즈덤하우스

초성 게임을 하듯 재미있게 단어를 익힐 수 있는 그림책이에요.
특히 맛있는 음식을 이용해 단어를 배울 수 있어서 더욱 재미있답니다.

숨바꼭질 ㅏㅑㅓㅕ
김재영 지음
현북스

손으로 만지면서 모음과 친해질 수 있는 책이에요. 책에 있는 구멍을 통해 어떤 동물일까 추리하면서 모음을 익히는 재미가 있어요.

말잇기 놀이책
김별 지음
주니어이서원

말잇기 놀이로 세상이 변하는 재미있는 그림책이에요. 말잇기 놀이로 아이의 상상력을 키워주세요. QR코드를 이용해 노래도 들을 수 있어요.

키득키득 재밌는 의성어 의태어
김예실 지음
김희선 그림
한빛에듀

일상에서 자주 쓰는 낱말과 교과서에 나오는 낱말을 선별하여 재미있는 동화 다섯 편을 소개했어요. 이야기를 통해 자연스럽게 의성어와 의태어를 익힐 수 있어요.

알콩달콩 소풍
이상교 지음, 김정선 그림
재능교육

쥐 씨네 가족이 소풍을 떠나면서 벌어지는 이야기가 담겨 있어요. 자연스럽게 의성어와 의태어를 배울 수 있답니다.

웃는 한글
김슬옹, 최정현 지음
꿈터

큰소리로 읽다 보면 웃음이 나는 책이에요. 웃음을 한글로 익힐 수 있어요.

뭐든지 나라의 가나다
박지윤 지음
보림

가나다에 대한 기발한 내용으로 한글을 재미있게 익힐 수 있어요.

도와줘! 한글 친구들
서로 지음
아마도 그림
해결책

반복해서 읽으면 저절로 자음 14개를 익힐 수 있는 쉬운 그림책이에요. 재미있는 반복을 통해 한글을 깨칠 수 있어요.

아빠하고 나하고
박종채 지음
상상의힘

아빠가 읽어주면 더욱 재미있는 그림책이에요. 말놀이를 재미있게 할 수 있어요.

고양이는 다 된다 ㄱㄴㄷ
천미진 지음
이정희 그림
발견

한글 자음을 닮은 고양이들의 모습이 담긴 재미있는 그림책이에요. 자음을 몸으로 표현하면서 책을 읽으면 더욱 재미있어요.

CHAPTER
3

산수가
쉬워지는

집콕 수학 놀이

집콕 수학 놀이 01
과녁 맞추기 놀이

놀이 효과

집중력
연산 능력
친밀감

화이트보드에 과녁을 그린 뒤 점토를 던져서 맞춰보세요. 아이의 집중력을 높일 수 있어요. 또한 점수를 합쳐보면서 연산 능력도 올라가요.

Let's Play

1 점토를 준비하고 점토를 뜯어서 사탕 크기로 여러 개 만들어주세요.

2 화이트보드에 과녁을 그린 뒤 점수를 적어주세요.

3 화이트보드를 바닥에 눕히고 점토를 던져보세요.

4 각자 점수를 합쳐보고 누구의 점수가 더 높은지 확인해보세요.

준비물

점토

화이트보드

화이트보드 마카

확장 놀이

던지는 횟수를 정해서 게임을 하면 더욱 재미있어요.

집콕 수학 놀이
02
기억력 게임 놀이

놀이 효과

관찰력

기억력

집중력

그림 카드를 이용해 아이의 기억력과 집중력을 높일 수 있는 놀이예요. 함께하면 더욱 재미있어요.

Let's Play

같은 그림이 그려진
그림 카드
2장씩 여러 장

1. 같은 그림이 그려진 그림 카드를 2장씩 여러 장 준비해주세요.
2. 카드를 섞고 그림이 보이지 않게 5장씩 나열해주세요.

3. 카드를 1장씩 뒤집어주세요. 한 번에 2장씩 뒤집을 수 있어요.
4. 카드 2장이 같은 그림이면 그대로 두고 다른 그림이면 다시 뒤집어주세요.

확장 놀이

놀이가 익숙해지면 카드 수량을 점점 늘려서 놀이를 확장할 수 있어요.

접목 수학 놀이 03
길이 측정 놀이

놀이 효과
- 관찰력
- 집중력
- 친밀감

물건의 길고 짧음을 놀이를 통해 익힐 수 있어요. 아이와 함께 길이 측정 놀이를 해보세요.

Let's Play

털실

가위

1 털실과 가위를 준비해주세요.

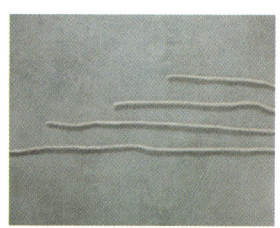

2 털실의 길이를 다르게 잘라 준비해주세요.

3 털실 끝을 한꺼번에 잡은 다음, 아이가 털실을 하나씩 뽑을 수 있게 해주세요.

4 누구의 털실이 더 긴지 비교해보세요.

확장 놀이

털실을 2개 씩 뽑아서 길이를 합쳐보고 누구의 털실이 더 긴지 게임을 해보세요. 놀이를 통해 길이를 자연스럽게 익힐 수 있어요.

집콕 수학 놀이
04
덧셈 놀이

놀이 효과

연산 능력
집중력
자신감

색연필로 동그라미를 색칠하면서 덧셈을 자연스럽게 익힐 수 있어요. 도안을 이용해 놀아주세요.

Let's Play

준비물

A4용지

색연필

1 A4용지와 색연필을 준비해주세요.

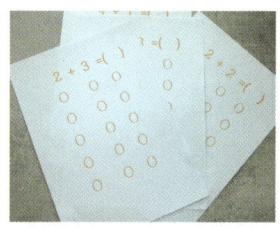

2 A4용지에 덧셈 공식과 동그라미 여러 개를 그려서 덧셈판을 만들어주세요.

3 덧셈판에 적힌 숫자에 맞게 동그라미를 색칠해보세요.

4 색칠한 동그라미의 개수를 세어보고 빈칸에 정답을 적어보세요.

확장 놀이

동그라미의 개수를 늘리면 더 큰 수의 덧셈도 가능하답니다.

집콕 수학 놀이
05
도형 면봉 놀이

놀이 효과
- 도형 개념
- 집중력
- 관찰력

면봉을 이용해 도형 놀이를 해보세요. 면봉으로 만들기를 하면서 도형의 개념을 이해할 수 있어요.

Let's Play

A4용지
펜
면봉

1 A4용지, 펜, 면봉을 준비해주세요.

2 A4용지에 다양한 도형을 그려주세요.

3 도형 그림 위에 면봉을 올려서 도형을 만들어보세요.

4 종이를 치우고 만들고 싶은 도형을 만들어보세요.

확장 놀이

면봉을 이용해 다양한 그림을 그려보는 놀이도 재미있답니다.

집콕 수학 놀이
06
돌리면서 덧셈 놀이

놀이 효과

연산 능력
관찰력
집중력

투명색 컵을 돌리고 나오는 점들을 더해보는 놀이예요. 집중하다 보면 자연스럽게 덧셈을 익힐 수 있어요.

Let's Play

준비물

투명색 컵 2개
네임펜

1. 투명색 컵, 네임펜을 준비해 주세요.

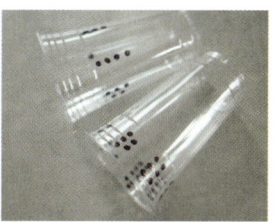

2. 투명색 컵에 주사위처럼 점을 그려주세요.

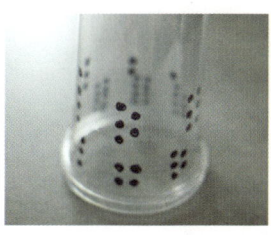

3. 컵을 겹친 후 돌려주면 덧셈 다이얼 완성이에요.

4. 숫자를 제시하고 컵을 돌리면서 덧셈 다이얼로 숫자를 만들어보세요.

확장 놀이

다이얼을 1개 더 만들어서 누가 더 빨리 제시한 숫자를 찾아내는지 게임해보세요.

집콕 수학 놀이
07

땅따먹기 놀이

놀이 효과

관찰력
집중력
친밀감

어릴 때 했던 추억의 땅따먹기 놀이를 해보세요. 선과 선을 연결하면서 게임을 하면 굉장히 재미있답니다.

Let's Play

A4용지

펜

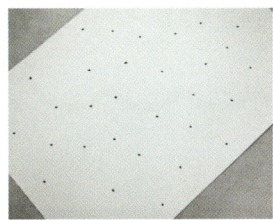

1. A4용지에 점을 여러 개 찍어 주세요.

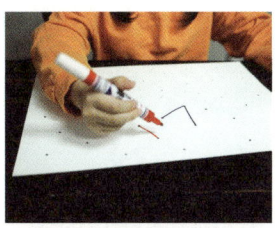

2. 한 명씩 번갈아가 가면서 점과 점 사이에 선을 그어주세요.

3. 삼각형이 만들어지면 본인 땅을 표시를 해주세요.

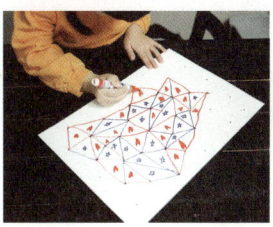

4. 놀이가 끝난 뒤 누가 더 많이 땅을 차지했는지 수를 세어보세요.

확장 놀이

종이에 점을 더 많이 찍으면 더욱 촘촘하게 땅따먹기 놀이를 할 수 있어요.

집콕 수학 놀이
08
블록 장난감 숫자 놀이

놀이 효과

관찰력
집중력
조작 능력

블록 장난감을 이용해 색상 맞추기와 숫자 놀이를 해볼까요? 아이의 흥미를 끌 수 있답니다.

Let's Play

1. A4용지, 펜, 색연필, 블록 장난감을 준비해주세요.
2. 블록 장난감을 다양한 높이로 그리고 색칠해주세요. 블록의 개수도 적어주세요.

3. 그림의 색상과 높이에 맞춰 블록 장난감을 쌓아보세요.
4. 자연스럽게 숫자 놀이를 할 수 있어요.

준비물

A4용지
펜
색연필
블록 장난감

확장 놀이

블록 장난감을 더 많이, 다양하게 그려주면 더욱 재미있게 놀 수 있답니다.

집콕 수학 놀이
09
마시멜로 코코아 숫자 놀이

놀이 효과
- 관찰력
- 집중력
- 조작 능력

마시멜로를 이용하여 놀이를 해보세요. 코코아도 타고 역할 놀이도 하면서 숫자를 익힐 수 있어요.

Let's Play

A4용지

펜

마시멜로

1 A4용지, 펜, 마시멜로를 준비해주세요.

2 A4용지에 머그컵을 그린 뒤 숫자를 적어주세요.

3 숫자에 맞춰 종이 위에 마시멜로를 올리면서 자연스럽게 숫자를 익힐 수 있어요.

확장 놀이

커피숍 손님이 되어 주문을 하는 역할 놀이를 해보세요.

집콕 수학 놀이 10
무슨 숫자인지 맞추기 놀이

놀이 효과

친밀감
집중력
기억력

등에 숫자를 써서 맞춰보는 놀이예요.
간질간질 숫자를 쓰면서 아이와의 친밀감이 높아진답니다.

Let's Play

1 A4용지, 펜을 준비해주세요.

2 손가락으로 등에 숫자를 적은 후 그 숫자를 종이에 적게 해주세요.

3 숫자가 맞는지 틀렸는지 이야기하면서 놀이를 반복하면 재미있어요.

A4용지

펜

확장 놀이

숫자를 쓰고 부등호를 적은 뒤 다른 숫자를 더 써서 연산 게임으로 확장할 수 있어요. 그리고 한글로 숫자를 쓰면 난이도 조절이 가능해요.

집콕 수학 놀이
11
병뚜껑 숫자 세어보기 놀이

놀이 효과

관찰력
집중력
자신감

병뚜껑을 이용해 숫자 세어보기 놀이를 해보세요. 1에서 50까지의 숫자를 재미있게 익힐 수 있어요.

Let's Play

병뚜껑 여러 개

네임펜

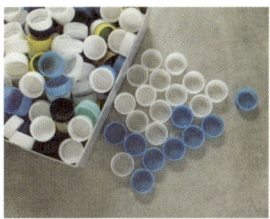

1. 병뚜껑과 네임펜을 준비해주세요.

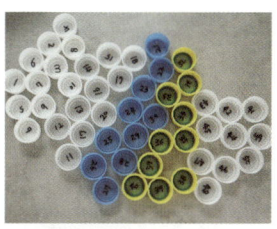

2. 병뚜껑 안쪽에 숫자를 적어주세요.

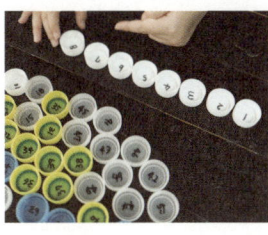

3. 순서에 맞게 병뚜껑을 하나씩 정렬해보세요.

4. 1에서 50까지 재미있게 숫자를 익힐 수 있어요.

확장 놀이

병뚜껑을 더 모아서 1에서 100까지 수를 늘리면서 놀이를 확장해보세요.

집콕 수학 놀이
12
뺄셈 놀이

놀이 효과
- 연산 능력
- 집중력
- 자신감

동그라미에 색칠을 하면서 뺄셈을 자연스럽게 익힐 수 있는 놀이예요. 도안을 활용해 놀아주세요.

Let's Play

A4용지

색연필

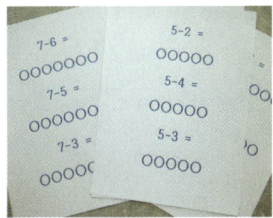

1 A4용지에 뺄셈 공식과 동그라미를 여러 개 그려주세요.

2 뺄셈을 하는 숫자만큼 동그라미를 색칠해주세요.

3 남은 동그라미의 개수를 세어서 답을 적어주세요.

확장 놀이

동그라미 개수를 늘려서 조금씩 숫자 단위를 높여보세요. 아이가 뺄셈을 쉽게 익힐 수 있어요.

집콕 수학 놀이
13
색종이 칠교 놀이

놀이 효과
관찰력
창의력
집중력

색종이로 간단하게 칠교 교구를 만들어서 활용해보세요.

Let's Play

준비물

색종이 여러 장
펜
자
가위

1. 색종이, 펜, 자, 가위를 준비해주세요.

2. 사진처럼 색종이에 선을 그은 후 다른 색상의 색종이 3장을 겹쳐서 잘라주세요.

3. 색종이를 색상이 다르게 네모 모양으로 배치해요.

4. 우주선 또는 다양한 모양으로 만들기 놀이를 할 수 있어요.

확장 놀이

칠교 놀이 도안은 인터넷에서 쉽게 찾아볼 수 있어요. 아이가 하나씩 따라 만들 수 있게 도안을 찾아서 보여주세요.

집콕 수학 놀이
14
숫자 빙고 놀이

놀이 효과

집중력
관찰력
소통 능력

아이와 함께 어릴 때 즐겨 했던 숫자 빙고 놀이를 해보세요. 숫자를 인식하는 능력과 재미를 잡을 수 있답니다.

Let's Play

A4용지

펜

1. A4용지에 네모 모양의 칸 9개를 그려주세요.

2. 아이와 A4용지를 나눠 가진 뒤 1에서 15까지의 숫자를 자유롭게 적어보세요.

3. 서로 번갈아 가면서 숫자를 불러서 색칠하고 3칸이 연달아 완성되면 빙고를 외쳐주세요.

확장 놀이

3×3에서 5×5로 확장해서 빙고 놀이를 해보세요.

적록 수학 놀이 15
자동차 컬링 놀이

놀이 효과
- 힘 조절 능력
- 집중력
- 연산 능력

아이들이 좋아하는 장난감 자동차로 컬링 게임을 할 수 있어요. 점수판을 만들어서 재미있게 놀아주세요.

Let's Play

1. 장난감 자동차, A4용지, 펜을 준비해주세요.

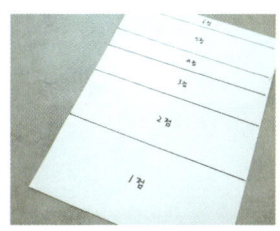

2. A4용지에 가로로 선을 긋고 점수를 표기하여 점수판을 만들어주세요.

3. 점수판을 바닥에 두고 자동차를 굴려서 뒷바퀴에 걸리는 점수를 체크해보세요.

4. 아이와 번갈아 가면서 게임을 하고 총합 점수가 몇 점인지 아이가 계산할 수 있게 기회를 주세요.

준비물

장난감 자동차 2개
A4용지
펜

확장 놀이

처음에는 2~3번 정도로 횟수를 줄여서 게임을 하다가 횟수를 조금씩 늘려보세요. 최종 점수를 계산하면서 아이의 연산 능력이 성장한답니다.

집콕 수학 놀이 16
컵으로 더하기 놀이

놀이 효과

연산 능력
집중력
관찰력

컵에 플레이콘을 옮기면서 자연스럽게 덧셈을 익힐 수 있는 놀이예요.

Let's Play

준비물

투명색 컵 3개

플레이콘

1. 투명색 컵, 플레이콘을 준비해주세요.

2. 컵 1개에는 플레이콘 3개, 다른 컵에는 플레이콘 4개를 담아주세요.

3. 컵에 넣은 플레이콘을 한 컵에 모두 담아주세요.

4. 컵에 모두 모인 플레이콘이 몇 개인지 세어보세요.

확장 놀이

컵에 담은 플레이콘을 빼면서 뺄셈 놀이로도 확장할 수 있어요.

점토 수학 놀이
17

클레이 숫자 놀이

놀이 효과

조작 능력
관찰력
집중력

클레이 점토를 이용해 숫자 놀이를 하면 소근육을 발달되고 숫자도 자연스럽게 익힐 수 있어요.

Let's Play

A4용지

펜

클레이 점토

1 A4용지와 클레이 점토를 준비해주세요.

2 A4용지 1장에는 트럭을, 다른 1장에는 숫자와 동그라미를 그려주세요.

3 클레이 점토를 손톱 크기로 동그랗게 만들어주세요.

4 숫자판에 맞춰 클레이 점토를 트럭에 올려주세요.

확장 놀이

트럭에서 클레이 점토 개수를 빼고 더하면서 자연스럽게 덧셈 뺄셈 놀이를 할 수 있답니다.

집콕 수학 놀이
18
연산 게임 놀이

놀이 효과

연산 능력
집중력
조작 능력

투명색 컵을 이용해 연산 게임기를 만들어보세요. 산수 문제를 풀어보는 것보다 더욱 재미있게 연산을 접할 수 있답니다.

Let's Play

투명색 컵 3개

네임펜

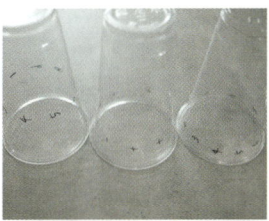 

1. 투명색 컵 2개에 숫자를 둘러 쓰고, 다른 1개에는 덧셈, 뺄셈 부등호를 그려주세요.

2. 컵 3개를 겹치면 연산 게임기 완성이에요.

3. 다이얼을 돌리는 것처럼 컵을 돌리면서 연산 문제를 만들 수 있어요.

확장 놀이

아이 혼자 놀이를 하기보다 부모님과 번갈아 가면서 문제를 내고 맞추는 놀이를 해보세요.

집콕 수학 놀이 19
폼폼이 숫자 놀이

놀이 효과
조작 능력
관찰력
집중력

숫자판에 폼폼이를 떼고 붙이면서 숫자를 재미있게 익힐 수 있어요.

Let's Play

준 비 물

A4용지
벨크로 테이프
폼폼이

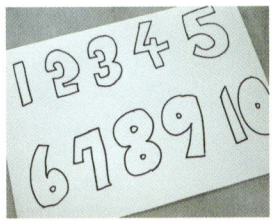

1 A4용지에 1부터 10까지 숫자를 적어주세요.

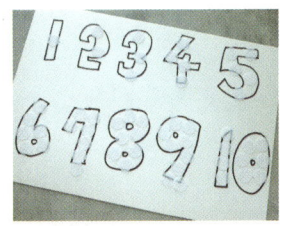

2 숫자 위에 벨크로 테이프를 붙여주세요.

3 숫자판 위에 폼폼이를 붙이면서 재미있게 놀 수 있어요.

확장 놀이

폼폼이를 이용해 자연스럽게 숫자를 익힐 수 있어요. 폼폼이를 다 붙인 후 뺄셈 놀이로도 확장이 가능해요.

집콕 수학 놀이
20
피자 나누기 놀이

놀이 효과

연산 능력
집중력
관찰력

피자 모양을 이용해 자연스럽게 빼기와 나누기를 이해할 수 있는 놀이예요.

Let's Play

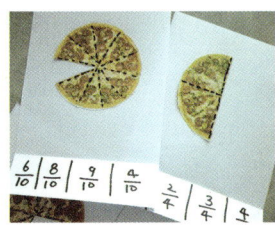

1 A4용지 3장에 피자를 그리거나 이미지를 다운받아서 출력해주세요.

2 피자 위에 눈금선을 그리고 피자를 잘라주세요. 자른 피자 조각을 빈 종이 3장에 붙여주세요.

3 피자를 붙인 종이 하단에는 분수를 적어서 문제를 만들어주세요. 피자가 몇 개가 남았는지 집게로 집어서 체크해보세요.

준비물

A4용지 6장
펜
집게

확장 놀이

피자가 몇 개가 남았는지 체크해볼 수 있고 반대로 몇 조각을 먹었는지도 체크해보면서 빼기와 나누기를 이해할 수 있어요.

수학 놀이

놀이와 함께 읽으면 좋아요

아이가 숫자에 관심을 보인다면 수 개념에 대해 조금씩 알려주세요. 설명보다는 놀이와 그림책을 적절히 이용하는 게 좋아요. 아이들이 어렵게 느낄 수 있는 산수 개념도 놀이와 그림책을 활용하면 자연스럽게 익힐 수 있어요.

펭귄과 숫자 세기
장뤼크 프로망탈 지음
조엘 졸리베 그림
보림

펭귄, 북극곰, 범고래 등으로 숫자도 세어보고 간단한 연산도 재미있게 익힐 수 있는 그림책이에요.

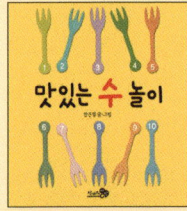

맛있는 수 놀이
안은영 지음
천개의바람

먹거리를 통해 숫자를 익힐 수 있는 책이에요. 하나 둘 셋 넷! 숫자를 처음 시작하는 친구들에게 추천해요.

얼마나 길까?
제시카 건더슨 지음
이고르 신코벡 그림
키즈엠

길이의 개념을 쉽게 익힐 수 있는 그림책이에요. 길이와 관련된 놀이를 하고 함께 읽으면 더욱 재미있겠죠?

키키는 100까지 셀 수 있어!
이범규 지음
윤정주 그림
비룡소

키키와 두기, 포코가 용궁으로 여행을 떠나면서 벌어진 이야기가 담겨 있어요. 100까지 수를 셀 때 10씩 수를 묶는 방식을 자연스럽게 익힐 수 있어요.

숫자로 보는 놀라운 동물의 세계

롤라 M. 섀퍼 지음
크리스토퍼 사일러스 닐 그림
키즈엠

동물의 생태와 수학 개념을 융합한 재미있는 그림책이에요. 자연에 대한 호기심을 자극하면서 수학적 능력을 키워줄 수 있어요.

차례차례 할머니의 생일

정은정 지음
윤정주 그림
비룡소

차례차례 할머니의 예순 번째 생일 파티 이야기예요. 책에 등장하는 미션을 통해 높이, 개수, 길이, 키 등 다양한 수학적 개념을 익힐 수 있어요.

구구단도 몰라?!

스테파니 블레이크 지음
한울림어린이

슈퍼 토끼 시몽은 구구단을 무조건 외워보려고 하지만 잘 안돼서 힘들어해요. 그러다 구구단의 원리를 깨닫게 되는 내용이에요. 구구단을 시작하는 아이들에게 추천해요.

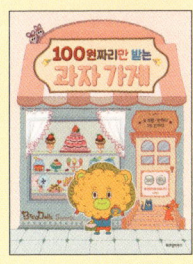

100원짜리만 받는 과자 가게

보린, 반하다 지음
반하다 그림
위즈덤하우스

아이들의 경제 교육을 시작할 때 읽어주면 좋은 그림책이에요. 돈의 개념이 생기기 시작할 때 읽어주세요.

세라 선생님과 줄서 선생님

박정선 지음
이해정 그림
조형숙 감수
시공주니어

그림책을 읽다 보면 이야기 속에서 자연스럽게 곱셈 개념을 익힐 수 있어요.
곱셈을 시작하는 친구들에게 추천해요.

CHAPTER
4

과학적 상상력을 키워주는

집콕 과학 놀이

집콕 과학 놀이
01
그림자 따라 그리기 놀이

놀이 효과

관찰력
집중력
눈손 협응

아이와 함께 다양한 사물의 그림자를 따라서 그림을 그려보세요. 그림을 그리면서 각도에 따라 변하는 그림자를 관찰할 수 있어요.

Let's Play

준 비 물

다양한 소품
A4용지
펜

1. 다양한 소품, A4용지, 펜을 준비해주세요.

2. A4용지를 바닥에 깔고, 햇빛을 이용해 소품의 그림자를 만들어주세요.

3. 펜으로 그림자를 따라서 그림을 그려보세요.

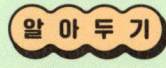

알 아 두 기

그림자
물체 뒤쪽으로 빛이 통과하지 못해 생기는 어두운 부분을 말해요.

확장 놀이

손으로 늑대나 새를 만들어서 그림자 놀이를 해도 재미있답니다.

집콕 과학 놀이
02
꽃 얼음 화석 놀이

놀이 효과

관찰력
창의력
집중력

꽃잎을 꽁꽁 얼려서 만져보고, 굴려보고, 재미있게 놀아보세요. 아이와 함께 더운 여름날 시원한 놀이를 할 수 있답니다.

Let's Play

1. 얼음 몰드, 꽃잎, 솔방울을 준비해주세요.

2. 얼음 몰드에 꽃잎과 솔방울, 물을 넣고 냉동실에서 얼려주세요.

3. 물이 얼었다면 얼음을 꺼내서 만져보고 굴려보고 관찰해보세요.

확장 놀이

아이의 관심사에 따라 공룡 피규어나 자동차를 이용해서 얼음 놀이를 해도 굉장히 재미있어요.

준비물

얼음 몰드
꽃잎
솔방울

알아두기

화석

시간이 흐른 뒤에도 암석의 흔적뿐만 아니라 생물의 뼈나 몸체가 남아 있는 것을 화석이라고 해요. 시베리아의 빙하 속에서 발견된 매머드의 화석처럼 얼음 속에 갇혀 오랜 시간 썩지 않고 보존된 화석도 있어요.

집콕 과학 놀이
03
달 관찰하기 놀이

놀이 효과

창의력
관찰력
표현력

과자를 이용해 달을 만들어보세요.
아이가 달에 대해 조금 더 쉽게 이해할 수 있을 거예요.

Let's Play

준비물

A4용지
펜
오레오 샌드 쿠키
버터나이프

1. A4용지, 펜, 오레오 샌드 쿠키, 버터나이프를 준비해주세요.

2. A4용지에 보름달, 하현달, 그믐달, 초승달, 상현달을 그려주세요.

3. 오레오 샌드 쿠키를 반으로 가른 후 달 모양에 따라 크림을 긁어내주세요.

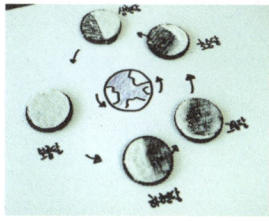

4. 짠! 재미있는 달 관찰 놀이 완성이에요.

확장 놀이

과자를 이용해 달 관찰하기 놀이를 하면 아이가 달 모양을 오랫동안 기억하게 된답니다. 아이가 달 모양을 만들 동안 달에 대해 이야기해주세요. 혹은 관련 책을 읽어주는 것도 좋아요.

집콕 과학 놀이
04
달걀 탱탱볼 만들기 놀이

놀이 효과

관찰력

집중력

조작 능력

달걀을 식초에 넣어두면 어떻게 될까요? 말랑말랑 탱탱볼이 된답니다. 탱탱볼이 만들어지는 과정을 관찰해보세요.

Let's Play

준비물

투명색 통
달걀
식초

1. 투명색 통, 달걀, 식초를 준비해주세요.

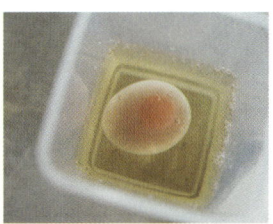

2. 투명색 통에 달걀을 넣고 달걀이 잠길 때까지 식초를 부은 뒤 뚜껑을 닫아주세요.

3. 2~3일 정도 지켜보면 달걀 껍질이 녹으면서 달걀이 커진답니다.

4. 달걀을 꺼내서 만져보면 말랑말랑 탱탱볼 완성이에요.

알아두기

식초가 달걀 껍질을 녹이는 이유는 식초에 들어 있는 아세트산 때문이에요. 아세트산은 달걀 껍질의 주성분인 탄산 칼슘을 녹이는 성질이 있답니다. 달걀이 커지는 이유는 식초가 달걀의 막 안쪽으로 들어가 부풀어 오르기 때문이에요. 진짜 탱탱볼이 되는 건 아니니 조심조심 만져주세요.

집콕 과학 놀이 05
물감 흡수 놀이

놀이 효과

창의력
집중력
관찰력

물감과 우유만 있으면 붓 없이도 그림을 그릴 수 있어요. 물감을 종이에 흡수시켜서 다양한 모양의 그림을 그려보세요.

Let's Play

준비물

종이컵 여러 개
물감
우유
A4용지 사이즈 그릇
A4용지

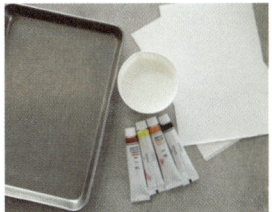

1 종이컵, 물감, 우유, A4용지 사이즈 그릇, A4용지를 준비해주세요.

2 종이컵에 색색깔의 물감과 물을 조금 타서 준비해주세요.

3 그릇에 우유를 붓고 컵에 담아둔 물감을 차례차례 부어주세요.

4 A4용지를 물감 표면에 살짝 댔다가 들어올리면 그림 완성이에요.

알아두기

흡수

종이는 펄프로 만들어졌기 때문에 액체를 흡수하는 성질을 갖고 있어요. 우유에 뿌린 물감이 종이에 찍히는 흡수 현상을 관찰해보세요.

확장 놀이

면봉을 이용해 물감 위에 주방 세제를 떨어뜨리면, 우유의 표면 장력이 깨지면서 더욱 더 재미있는 그림이 완성돼요.

139

집콕 과학 놀이
06
마시멜로 탑 쌓기 놀이

놀이 효과

창의력
조작 능력
집중력

마시멜로와 스파게티 면을 이용해 탑 쌓기 놀이를 해보세요. 어떻게 하면 탑을 높게 쌓을 수 있을지 고민하면서 건축의 기본 원리를 이해할 수 있어요.

Let's Play

1. 스파게티 면, 마시멜로를 준비해주세요.

2. 스파게티 면에 마시멜로를 끼워서 탑을 쌓아보세요.

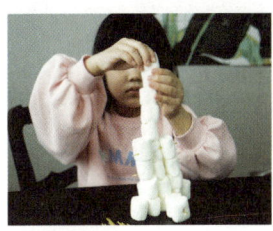

3. 어떻게 하면 탑을 높게 쌓을 수 있을지 고민하면서 만들어 보세요.

확장 놀이

가로로 긴 다리를 만들어보는 것도 재미있어요.

스파게티 면

마시멜로

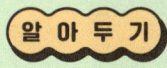

건축

집이나 다리와 같은 구조물을 목적에 따라 설계하고 만드는 것을 말해요. 나무, 벽돌, 쇠 등을 이용하여 구조물을 쌓거나 세워 만드는 일을 말한답니다.

집콕 과학 놀이
07
먹이 사슬 피라미드 놀이

놀이 효과

관찰력
조작 능력
스트레스 해소

먹이 사슬에 대해 쉽게 이해할 수 있는 놀이예요. 아이와 재미있게 놀면서 생태계 평형의 중요성을 알려주세요.

Let's Play

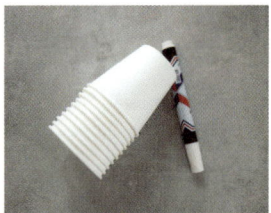

1 종이컵, 펜을 준비해주세요.

2 종이컵에 먹고 먹히는 관계의 동식물을 그려주세요.

3 맨 아래에는 식물, 그 위에 곤충, 작은 동물, 큰 동물, 포식자까지 피라미드 모양으로 종이컵을 쌓아올려주세요.

4 피라미드 맨 아래의 종이컵을 하나 뺀다면 어떻게 될까요? 아이에게 생태계가 파괴되는 이유에 대해서 알려주세요.

확장 놀이

아이와 함께 종이컵에 그린 그림을 색칠하고 꾸며보세요.

준비물

종이컵 10개
펜

알아두기

먹이 사슬

먹이 사슬은 생태계 내 생물들 간에 먹고 먹히는 관계를 나타내는 개념이에요.
먹이 사슬은 높은 단계로 올라갈수록 생물의 수가 적어져요. 이를 먹이 피라미드라고 한답니다.

집콕 과학 놀이 08
바닷물 관찰하기 놀이

놀이 효과
관찰력
집중력
표현력

바닷물은 왜 짤까요? 바닷물에 들어가면 왜 몸이 뜰까요? 실험을 통해 아이에게 알려주세요.

Let's Play

준비물

투명색 컵 2개

방울토마토

소금

1. 투명색 컵, 소금, 방울토마토를 준비해주세요.

2. 컵에 같은 양의 물을 담고 한쪽에 방울토마토를 넣어보세요.

3. 나머지 한쪽에는 소금을 넣고 잘 저은 후 방울토마토를 넣어보세요.

4. 어떤 차이가 있는지 관찰해보세요.

확장 놀이

물과 소금물의 차이를 관찰해보고 바다와 관련된 책을 아이에게 읽어주세요.

알아두기

평균적으로 세계 바닷물의 염도는 약 3.5%라고 해요. 하지만 모든 바닷물의 염도가 고르지는 않답니다. 사해처럼 짠 바다도 있고, 북유럽의 발트해처럼 염도가 낮은 바다도 있어요.

집콕 과학 놀이
09
봉지에 구멍 뚫기 놀이

놀이 효과

관찰력
힘 조절 능력
자신감

물이 담긴 봉지에 연필로 구멍을 뚫으면 어떻게 될까요? 물이 새어 나올지 실험해보세요.

Let's Play

1 지퍼 팩, 연필을 준비해주세요.

2 지퍼 팩에 물을 담은 후 연필로 찔러보세요.

3 여러 개의 연필로 찔러보세요. 그리고 연필 사이로 물이 새어나오는지 관찰해보세요.

준비물

지퍼 팩

연필 여러 개

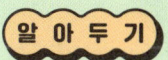

알아두기

지퍼 팩의 물이 새지 않는 이유는 봉지의 폴리에틸렌 성분이 열에 약하기 때문이에요. 연필로 찌르는 순간 생기는 마찰열로 인해 비닐봉지가 수축하게 된답니다. 거기에 서로 강하게 붙어 있으려는 성질인 액체의 표면 장력 때문에 지퍼 팩의 작은 틈으로 물이 새지 않아요.

확장 놀이

연필을 뺄 때는 화장실로 이동 후 아이가 뺄 수 있게 해주세요. 구멍 사이로 주르륵 물이 나올 때 또 다른 재미가 있답니다.

집콕 과학 놀이
10
분자 구조 만들기 놀이

놀이 효과

조작 능력
집중력
눈손 협응

아이에게 분자 구조 사진을 보여주고 과자와 이쑤시개를 이용해 원자와 분자를 함께 만들어 보세요.

Let's Play

준비물

홈런볼 과자

이쑤시개

1. 홈런볼 과자와 이쑤시개를 준비해주세요.

2. 분자 구조 사진을 아이에게 보여주고 홈런볼과 이쑤시개로 분자 구조를 만들어보세요.

3. 분자 구조뿐만 아니라 다양한 모양을 만들 수 있어요.

확장 놀이

아이가 만들고 싶어 하는 모양을 만들어보세요. 혹은 누가 더 높고 튼튼하게 쌓을 수 있나 게임을 해도 재미있답니다.

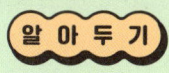

분자 모형

분자를 구성하는 원자의 상대적인 위치와 화학 결합을 나타내는 기하학적 모형을 말해요.

집콕 과학 놀이
11
비행기 발사기 놀이

놀이 효과

스트레스 해소
집중력
창의력

비행기 발사기를 만들어서 종이 비행기를 날려 볼 거예요. 빠른 속도로 날아가는 비행기를 보면 스트레스가 풀린답니다.

Let's Play

준비물

나무젓가락
집게
고무줄 2개
테이프
색종이

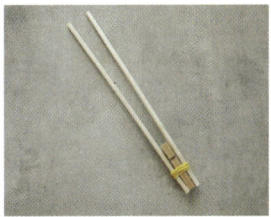

1 나무젓가락 사이에 집게를 두고 고무줄로 고정해주세요.

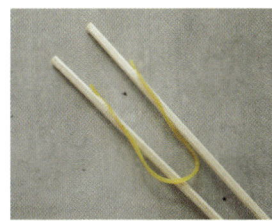

2 고무줄 한쪽 면을 잘라서 나무젓가락 양쪽 끝에 테이프로 고정해주세요.

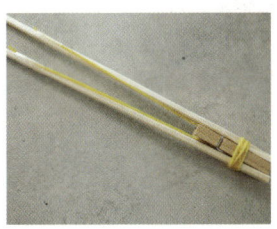

3 2의 고무줄을 위로 당겨서 집게로 집어주세요.

4 종이비행기를 접어서 나무젓가락 사이에 두고 집게를 누르면 비행기 발사기 완성이에요.

확장 놀이

비행기 발사기를 하나 더 만들어서 누가 더 멀리 종이비행기를 날리는지 게임할 수 있어요.

집콕 과학 놀이
12
사라지는 잠수함 놀이

놀이 효과

관찰력
집중력
조작 능력

빛의 성질을 이용하여 잠수함 놀이를 해보세요. 아이에게 잠수함 그림이 사라졌다 나타났다 하는 모습을 보여주세요.

Let's Play

투명색 컵 2개
네임펜
큰 볼

1. 투명색 컵, 펜, 큰 볼을 준비 해주세요.

2. 투명색 컵 1개에 잠수함 그림을 그려주세요.

3. 남은 컵의 바닥 면에 구멍을 뚫고, 2에서 완성한 컵을 덮어주세요.

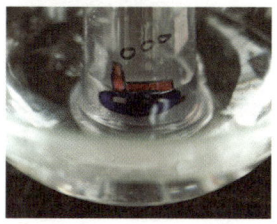

4. 볼에 물을 받은 후 구멍을 막고 컵을 물속에 넣어보세요. 다음에는 구멍을 막지 않고 넣어보세요.

확장 놀이

컵의 구멍을 막고 물속에 넣으면 그림이 안 보이고, 구멍을 막지 않고 물속에 넣으면 그림이 보인답니다. 아이와 함께 더 재미있는 그림을 그리고 놀이를 즐겨보세요.

집콕 과학 놀이
13
손 안 대고 연필 부러뜨리기 놀이

놀이 효과

관찰력
집중력
자신감

손을 안 대고 연필을 부러뜨릴 수 있을까요? 빛과 물만 있으면 시각적으로 가능하답니다.

Let's Play

준비물

투명색 컵 3개
연필 3자루

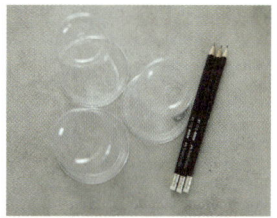

1 투명색 컵, 연필을 준비해주세요.

2 투명색 컵을 일렬로 놓고 각각의 컵에 연필을 넣어주세요.

3 첫 번째 컵에는 물을 넣지 말고 두 번째 컵에는 물을 조금만 넣어주세요.

4 세 번째 컵에는 물을 가득 넣고 비교해보세요. 연필이 부러진 것처럼 보여요.

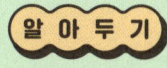

빛의 굴절

컵에 물을 부으면 물과 공기가 만나는 지점에서 빛이 굴절하여 꺾이게 돼요. 그래서 그 빛을 반사한 연필이 부러진 것처럼 보인답니다.

확장 놀이

연필 대신 레이저 포인트의 빛을 물에 비추면 굴절을 바로 확인할 수 있어요. 아이가 실험을 직접 주도할 수 있게 도와주면서 자신감을 키워주세요.

집콕 과학 놀이
14
수평 잡기 놀이

놀이 효과

눈손 협응
집중력
조작 능력

여러 가지 물건을 손가락 위에 올려서 수평을 잡아보세요. 그리고 물건 위에 물건을 올려서 수평을 잡아보세요.

Let's Play

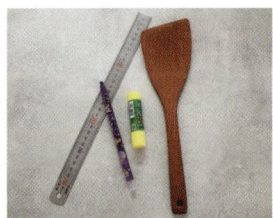 

1. 자, 주걱, 펜 등 길쭉한 물건을 준비해주세요.
2. 준비한 물건을 하나씩 손가락 위에 올려보세요.

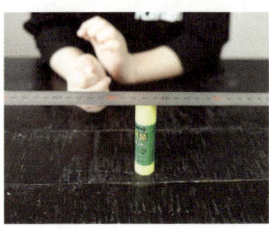

3. 물건 위에 또 다른 물건을 올리면서 수평을 잡아보세요.

확장 놀이

길이가 다소 짧은 물건으로 수평 잡기 놀이를 도전해보세요. 양쪽의 모양이 다른 물건으로 수평을 잡아보는 것도 재미있답니다. 아이와 함께 누가 오래 수평을 잡는지 게임해보세요.

자
주걱
펜

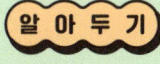

수평

물체가 어느 한쪽으로 기울지 않는 평평한 상태를 말해요.

집콕 과학 놀이
15
숟가락 투석기 놀이

놀이 효과
- 집중력
- 힘 조절 능력
- 조작 능력

옛날 옛적 전쟁에서 사용했던 투석기를 아시나요?
숟가락과 지우개를 이용해 투석기를 만들어서 지레의 원리를 익혀보세요.

Let's Play

준비물

숟가락
지우개 2개
종이컵

 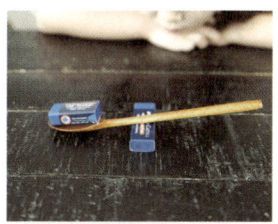

1. 숟가락, 지우개, 종이컵을 준비해주세요.
2. 지우개 1개 위에 숟가락을 올리고 숟가락 위에 나머지 지우개를 올려주세요.

3. 숟가락의 손잡이를 힘껏 누르면 작은 지우개가 튕겨 날아간답니다.

확장 놀이

누가 누가 지우개를 멀리 날리는지 게임해보세요. 컵을 두고 지우개를 골인시키는 놀이를 해도 재미있어요.

지레

막대의 한 점을 받치는 받침점을 중심으로 물체를 움직이는 장치를 말해요.

159

집콕 과학 놀이
16
식빵에 글씨 쓰기 놀이

놀이 효과
- 창의력
- 관찰력
- 자신감

붓에 물을 묻혀서 식빵에 글씨를 써보세요. 글씨를 쓴 식빵을 구우면 어떻게 될까요? 아이와 함께 실험을 통해 관찰해보세요.

Let's Play

준비물

붓 _____
물 _____
식빵 _____

1 붓, 물, 식빵을 준비해주세요.

2 붓에 물을 묻혀서 식빵에 글씨 또는 그림을 그려주세요.

3 식빵을 토스트기에 구운 후 글씨나 그림을 그린 부분이 어떻게 되는지 관찰해보세요.

알아두기

물로 글씨를 쓰고 식빵을 구우면 물이 묻은 부분은 익지 않아요. 하지만 구연산이 함유된 레몬즙으로 식빵에 글씨를 쓰면 글씨 부분이 먼저 익는답니다.

확장 놀이

붓에 레몬즙을 묻혀서 식빵에 글씨나 그림을 그린 후 토스트기에 구워보세요. 그리고 물로 그림 그렸을 때와 다른 부분을 찾아보세요.

집콕 과학 놀이
17
야광 컵 조명 만들기 놀이

놀이 효과

창의력
미적 인식 능력
스트레스 해소

반짝 반짝 빛나는 야광 컵 조명을 만들어볼 거예요. 불을 끄고 야광 컵 조명을 흔들면서 놀면 아이의 스트레스가 해소된답니다.

Let's Play

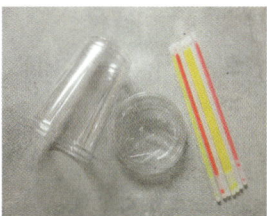

1 투명색 컵과 뚜껑, 야광 팔찌를 준비해주세요.

2 투명색 컵에 야광 팔찌를 잘라 넣은 후 뚜껑을 닫고 흔들어주세요.

3 야광 팔찌를 꺼낸 뒤 다시 뚜껑을 닫고 관찰해보세요.

4 불을 끄고 다시 한 번 관찰해보세요. 오로라처럼 예쁜 야광 컵 조명이 완성된답니다.

확장 놀이

불을 끄고 야광 컵 조명을 신나게 흔들면서 놀아보세요.

준비물

투명색 컵과 뚜껑

야광 팔찌

알아두기

야광

어둠 속에서도 빛을 내는 상태 또는 그런 물건을 야광이라고 해요. 야광은 빛을 흡수하고 모아놓은 빛을 밖으로 내보내는 성질이 있어서 어두운 곳에서도 빛이 난답니다.

집콕 과학 놀이
18
어떤 귤이 더 무거울까 놀이

놀이 효과

관찰력
조작 능력
자신감

껍질을 깐 귤과 까지 않은 귤을 물에 넣으면 어떻게 될까요? 놀이를 통해 아이가 부력에 대해 자연스럽게 익힐 수 있게 해주세요.

Let's Play

귤 2개

투명색 컵

1 귤, 투명색 컵을 준비해주세요.

2 귤 1개는 껍질을 까고 나머지 귤은 그대로 두고 무게를 비교해보세요.

3 "둘 다 물속에 넣으면 어떻게 될까?" 질문을 통해서 아이의 생각을 물어봐주세요.

4 투명색 컵에 물을 담고 귤을 물속에 넣어서 관찰해보세요.

확장 놀이

"껍질을 벗기면 귤의 무게가 더 가벼워질텐데 왜 물에 가라앉을까?" 질문해주세요.

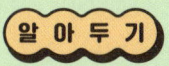

껍질이 있는 귤이 물 위에 뜨는 이유는 귤껍질에 많은 공기가 포함되어 있기 때문이에요. 귤의 밀도가 물의 밀도보다 낮아서 귤이 물 위에 뜨게 되는 거랍니다. 구명조끼를 떠올려보세요.

집콕 과학 놀이
19
얼음낚시 놀이

놀이 효과

집중력
관찰력
조작 능력

실 하나로 얼음을 들어올릴 수 있을까요? 너무 궁금하시죠? 실험을 통해 아이에게 보여주세요.

Let's Play

1 얼음, 실, 소금을 준비해주세요.

2 얼음 위에 실을 올리고 소금을 뿌려주세요.

3 실을 들어올리면 얼음낚시 성공이에요.

준비물

얼음
실
소금

확장 놀이

"어떻게 하면 얼음을 들어올릴 수 있을까?" 질문을 한 뒤 아이의 생각을 들어보고 실험해보세요.

알아두기

소금을 얼음 위에 뿌리면 주변 공기의 온도가 떨어지면서 얼음이 녹아요. 얼음이 녹으면서 생긴 물을 흡수한 털실이 남아 있는 얼음의 차가운 온도로 인해 다시 얼어붙게 된답니다.

집콕 과학 놀이
20
입 안 대고 풍선 불기 놀이

놀이 효과

창의력
관찰력
집중력

어떻게 하면 입을 안 대고 풍선을 불 수 있을까요? 이번 놀이로 아이와 함께 입을 대지 않고 풍선을 불어보세요.

Let's Play

1. 물병, 식초, 풍선, 베이킹 소다를 준비해주세요.

2. 물병에 식초를 담고, 풍선에는 베이킹 소다를 넣어주세요.

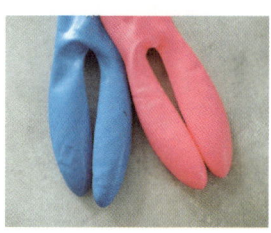

3. 풍선 끝에 베이킹 소다가 몰리도록 해주세요.

4. 물병 입구에 풍선을 끼우고, 베이킹 소다를 천천히 떨어뜨리면 보글보글 가스가 생기면서 풍선이 커져요.

준비물

물병
식초
풍선
베이킹 소다

확장 놀이

실험하기 전에 "어떻게 하면 입을 안 대고 풍선을 불 수 있을까?" 질문해주세요. 실험에 관련된 아이의 생각을 미리 읽어보는 것도 재미있는 놀이가 될 수 있답니다.

알아두기

산성인 식초와 염기성인 베이킹 소다가 만나면 이산화 탄소가 생겨 풍선이 부풀어요.

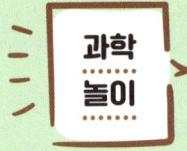

놀이와 함께 읽으면 좋아요

아이의 과학 관련 질문에 제대로 답해주기 어렵지 않나요? 그럴 때는 과학 그림책을 활용해보세요.

바이러스는 뭘까요?

케이티 데이니스 지음
키르스티 뷰티먼 그림
어스본코리아

바이러스는 무엇이고 마스크를 왜 써야 하는지 아이에게 쉽게 알려줄 수 있어요.

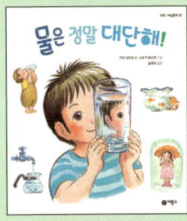

물은 정말 대단해!

가코 사토시 지음
스즈키 마모루 그림
비룡소

물이 가진 특성을 쉽게 알려주는 그림책이에요. 물이 우리에게 얼마나 중요한지 아이에게 알려주세요.

지구를 위한 발명 이야기

캐서린 바,
스티브 윌리엄스 지음
에이미 허즈번드 그림
너머학교

시대를 바꾼 다양한 발명품들이 지구에 어떤 영향을 주었는지 이야기해주는 독특한 시각의 그림책이에요.

흡 들이쉬고 후 내쉬고

사카이 오사무 지음
대교소빅스

살아가는데 꼭 필요한 호흡에 대해 알려주는 그림책이에요. 아이들에게 호흡의 중요성을 한 번 더 생각할 수 있게 해주세요.

안녕, 나는 태양이야!
데이비드 스카필드 지음
스티비 루이스 그림
현암주니어

태양계의 중심에 있는 태양 이야기를 재미있게 알려주는 그림책이에요. 태양의 기능과 역할뿐만 아니라 지구를 포함한 다른 행성들과의 관계도 알기 쉽게 배울 수 있어요.

이게 뭐예요?
라파엘 마르탱 지음
클레르 슈바르츠 그림
머스트비

아이들의 호기심을 자극하는 수수께끼가 등장하는 그림책이에요. 자연의 위대한 신비를 파헤쳐보세요.

자라요
니콜라 데이비스 지음
에밀리 서튼 그림
김정철 감수
달리

아이들 눈높이에 맞게 유전자에 대해 쉽게 풀어낸 그림책이에요. 생명에 대해 다시 한 번 생각해보는 시간을 준답니다.

머릿속이 궁금해
다카하시 유지 지음
야규 겐이치로 그림
대교소빅스

머릿속에는 무엇이 들어 있을까요? 뇌의 작동 원리를 쉽고 재미있게 알려주는 그림책이에요.

우리 몸은 달라, 달라!
존 버거맨 지음
국민서관

우리들은 모두 다르다는 걸 재미있는 그림으로 알려줘요. 이 책을 읽고 나를 관찰하면서 아이가 스스로를 더욱 좋아할 수 있게 되겠죠?

CHAPTER
5

예술가가 되어보는

집콕 미술 놀이

집콕 미술 놀이
01
가위 없이 만드는 나무 놀이

놀이 효과
조작 능력
미적 인식 능력
집중력

가위 없이 색종이를 손으로 뜯으며 나무를 만들어보세요. 자연스럽게 뜯어진 종이가 제법 나뭇잎과 어울린답니다.

Let's Play

1. 목공 풀, A4용지, 나뭇가지, 색종이, 딱풀을 준비해주세요.

2. 목공 풀을 이용하여 A4용지에 나뭇가지를 붙여주세요.

3. 색종이를 손으로 뜯어서 A4용지와 나뭇가지에 붙여주세요.

4. 가위 없이 만든 나무 완성이에요.

확장 놀이

나뭇잎뿐만 아니라 과일이나 꽃을 붙이면서 놀이를 확장할 수 있어요. 그림을 따라서 그린 다음 그림 색상에 맞춰 종이를 찢어 붙이는 모자이크 놀이도 해보세요.

준비물

- 목공 풀
- A4용지
- 나뭇가지
- 색종이
- 딱풀

알아두기

모자이크 기법

여러 가지 색깔의 종이나 타일, 유리 등을 조각조각 붙이는 기법을 말해요.

산 비탈레 성당의 모자이크, 유스티니아누스 황제

집쿡 미술 놀이
02
데칼코마니 놀이

놀이 효과

미적 인식 능력

관찰력

창의력

종이와 물감을 이용해 데칼코마니 미술 놀이를 해보세요. 아이의 관찰력과 창의력을 키워줄 수 있어요.

Let's Play

A4용지
물감

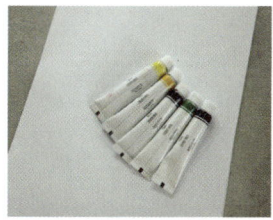

1 A4용지, 물감을 준비해주세요.

2 A4용지를 반 접어주세요.

3 A4용지 한쪽에 물감을 짜주세요.

4 A4용지를 반 접어 꾹 누른 다음 펼치면 데칼코마니 그림 완성이에요. 반대쪽 그림과 비교해보세요.

데칼코마니

무늬를 종이에 찍어 다른 표면에 옮기는 기법을 말해요.

확장 놀이

A4용지에 물감을 짠 후 실을 지그재그로 올리고 반으로 접어보세요. 실을 당기고 난 후 펼쳐보면 재미있는 모양이 완성된답니다.

177

집콕 미술 놀이
03

몬드리안 따라잡기 놀이

놀이 효과

창의력
조작 능력
관찰력

네덜란드 출신 화가 피에트 몬드리안을 아시나요? 아이에게 몬드리안의 그림을 보여주고 몬드리안 따라잡기 놀이를 해보세요.

Let's Play

1. 절연 테이프, 셀로판지, 분무기를 준비해주세요.

2. 셀로판지를 다양한 모양의 사각형으로 잘라주세요.

3. 절연 테이프를 이용해 몬드리안 그림처럼 창문에 네모난 칸을 만들어주세요.

4. 창문에 분무기로 물을 뿌린 다음 빈칸에 셀로판지를 붙여주세요.

준비물

절연 테이프

셀로판지(노란색, 빨간색, 파란색)

분무기

알아두기

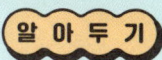

몬드리안

직선과 직각 삼원색, 무채색만을 사용해 작품을 그리는 화가예요. 추상 미술의 대표적인 화가로 질서와 균형의 아름다움을 표현했답니다.

확장 놀이

몬드리안 따라잡기 놀이 후 햇빛이 들어올 때 바닥을 확인해보면 색깔 있는 그림자가 생길 거예요. 셀로판지는 자신의 색깔과 같은 빛만 통과시키기 때문에 알록달록 재미있는 그림자 놀이를 할 수 있어요.

집콕 미술 놀이
04
몬스터 만들기 놀이

놀이 효과

창의력
관찰력
조작 능력

주변에 있는 흔한 물건에 눈 스티커를 붙여보세요. 그것 하나 만으로도 새로운 놀이를 즐길 수 있어요.

Let's Play

1. 재활용품, 자연물, 눈 스티커를 준비해주세요.
2. 재활용품이나 자연물에 눈 스티커를 붙여보세요.

3. 몬스터를 만들면서 재미있게 놀 수 있어요.

확장 놀이

직접 만든 몬스터를 이용해 재미있는 상황극 놀이를 해보세요.

준비물

재활용품
자연물
눈 스티커

알아두기

의인화

동물이나 사물을 사람처럼 표현하는 것을 의인화라고 해요. 놀이 후 아이와 함께 보기 좋은 영화로는 토이스토리가 있어요.

집콕 미술 놀이 05
반대쪽 그림 그리기 놀이

놀이 효과

관찰력
집중력
조작 능력

반쪽짜리 그림을 완성해보세요.
그림을 그리며 대칭에 대해 이해할 수 있어요.

Let's Play

1. A4용지를 반으로 접어서 한 쪽에만 그림을 그려주세요.
2. 나머지 한쪽은 아이가 그림을 따라 그릴 수 있게 유도해주세요.

준비물

A4용지 여러 장
펜

확장 놀이

반으로 그림 그리기를 어려워한다면 거울을 이용해 반대쪽 그림이 어떻게 보일지 먼저 보여주세요.

알아두기

대칭

하나의 축을 중심으로 양쪽 모양이 같은 것을 말해요. 놀이 도안을 통해 대칭 그리기 놀이를 해보세요.

집콕 미술 놀이
06
벚꽃나무 만들기 놀이

놀이 효과

창의력
조작 능력
미적 인식 능력

미세 먼지나 황사로 인해 꽃놀이가 어려운 날에는 집에서 벚꽃나무를 만들어보세요.

Let's Play

준비물

A4용지
목공 풀
나뭇가지
휴지
딱풀

1. A4용지, 목공 풀, 나뭇가지, 휴지, 딱풀을 준비해주세요.

2. A4용지에 목공 풀을 이용하여 나뭇가지를 붙여주세요.

3. 휴지를 손으로 뜯어서 뭉친 뒤 나뭇가지에 붙여주세요.

4. 휴지를 뜯어서 많이 붙이면 벚꽃나무 완성이에요.

확장 놀이

스포이드를 이용해 핑크색 물감을 휴지에 뿌려보세요. 휴지에 물감이 스며들면서 예쁜 핑크색 벚꽃나무를 만들 수 있어요.

알아두기

오브제

생활용품이나 자연물 등을 작품에 이용한 것을 말해요.

점쿡 미술 놀이
07
붙여서 만드는 소조 놀이

놀이 효과

조작 능력
창의력
집중력

철로 뼈대를 만들고 점토를 붙여서 작품을 만들어보세요. 아이의 창의력과 집중력이 발달한답니다.

Let's Play

1. 원예용 철사로 스케이트보드를 타고 있는 사람의 뼈대를 만들어주세요.
2. 원예용 철사에 지점토를 붙이는 방법을 알려주세요.

3. 조물조물 지점토를 꼼꼼하게 붙여주세요.
4. 지점토를 말린 후 물감으로 색칠해보세요.

확장 놀이

지점토를 말린 후 조각칼을 이용하여 조각을 해도 재미있는 놀이를 할 수 있어요.

준비물

원예용 철사
지점토
물감
붓

알아두기

소조

조소의 기법 중 하나로 점토나 유토 등의 재료를 붙여나가며 입체적인 형상으로 표현하는 기법을 말해요.

집콕 미술 놀이
08
샤메크 블루위 따라잡기 놀이

놀이 효과

창의력
관찰력
조작 능력

패션 일러스트레이터로 유명한 샤메크 블루위의 작품을 따라하며 재미있는 놀이를 해보세요.

Let's Play

1. A4용지에 아이가 좋아하는 그림을 그려주세요.
2. 원하는 부분에 칼로 구멍을 뚫어주세요.

3. 집 안이나 야외에서 그림을 들고 다니면서 그림 속 옷감을 바꿔보세요.

확장 놀이

아이에게 어떤 그림을 그릴지 물어보고 직접 그려볼 수 있게 도와주세요. 아이가 원하는 부분에 칼로 구멍을 내고, 코팅을 해주면 좀 더 오랫동안 재미있게 놀 수 있어요.

준비물

A4용지
펜
칼

알아두기

샤메크 블루위

패션 일러스트레이터 겸 건축가예요. 도시의 풍경을 활용하여 옷감을 표현한 사진으로 인기를 끌었어요. (인스타그램 @shamekhbluwi)

집콕 미술 놀이
09
섞으면 무슨 색이 될까 놀이

놀이 효과

관찰력
미적 인식 능력
집중력

빨간색 물감과 파란색 물감을 섞으면 무슨 색이 될까요? 실험을 통해 아이에게 보여주세요.

Let's Play

준비물

종이컵 3개

물감(빨간색, 노란색, 파란색)

투명색 컵 3개

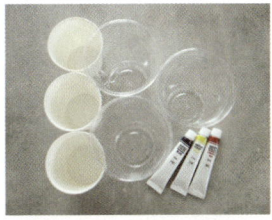

1. 종이컵, 물감, 투명색 컵을 준비해주세요.

2. 종이컵에 각각 다른 색의 물감과 물을 넣고 섞어주세요.

3. 투명색 컵 3개를 나란히 놓고 물에 탄 물감을 색깔별로 부어주세요.

4. 노란색+빨간색, 빨간색+파란색, 노란색+파란색을 섞으면 어떤 색이 완성되는지 확인해보세요.

확장 놀이

물감을 섞기 전에 다른 색 물감을 섞으면 어떤 색이 될지 예측해보세요. 모든 색을 섞으면 무슨 색이 될까요? 색상을 예측하면서 놀이를 즐기면 더욱 재미있어요.

알아두기

노란색 + 빨간색 = 주황색

빨간색 + 파란색 = 보라색

노란색 + 파란색 = 초록색

노란색 + 파란색 + 빨간색

= 검정색

집콕 미술 놀이
10
손바닥 동물 그리기 놀이

놀이 효과
창의력
미적 인식 능력
관찰력

손바닥이 동물로 변신할 수 있을까요?
종이에 손바닥을 그린 후 다양한 아이디어를 활용해 동물 그림을 완성해보세요.

Let's Play

A4용지

색연필

1. A4용지, 색연필을 준비해주세요.

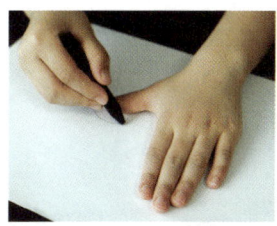

2. A4용지에 손바닥 모양대로 선을 그려주세요. 손가락을 펼쳐서 그려도 좋고 붙여서 그려도 좋아요.

3. 손바닥 그림을 꾸며서 다양한 동물로 변신시켜보고 색칠도 해보세요.

확장 놀이

발바닥을 그린 후 동물로 변신시키는 놀이도 재미있어요.

접속 미술 놀이 11
수건 곰 인형 만들기 놀이

놀이 효과

창의력

조작 능력

친밀감

수건으로 곰 인형을 만들어보세요. 고무줄과 수건만 있으면 생각보다 간단하게 귀여운 곰 인형을 만들 수 있어요.

Let's Play

수건
고무줄 3개
눈 스티커

1 수건과 고무줄을 준비해주세요.

2 수건을 반으로 접은 후 좌, 우 양쪽을 안으로 돌돌 말아주세요.

3 수건의 윗 부분을 반이 살짝 안 되게 뒤집어서 곰의 다리와 몸통을 만들어주세요. 몸통은 고무줄로 고정해주세요.

팔 부분

4 팔 부분을 옆으로 살짝 펼치고 머리가 될 부분의 양쪽을 고무줄로 묶어서 귀를 만들어주세요.

확장 놀이

눈 스티커를 붙이면 곰 인형을 더욱 더 실감나게 만들 수 있어요.

집콕 미술 놀이
12
신발 리폼 놀이

놀이 효과

조작 능력
미적 인식 능력
창의력

평소에 신는 신발을 마음대로 꾸며보세요. 리폼을 하면서 아이의 조작 능력과 미적 능력이 발달한답니다.

Let's Play

실내화
네임 펜

1. 실내화, 네임 펜을 준비해주세요.

2. 네임 펜을 이용해 실내화에 그림을 그려주세요.

3. 그림을 그리고 색칠하면 신발 리폼 놀이 완성이에요.

확장 놀이

좋아하는 캐릭터 지비츠나 비즈를 붙여서 꾸미는 것도 재미있답니다.

리폼

낡거나 유행이 지난 물건을 고쳐서 새롭게 바꾸는 걸 말해요.

콕콕 미술 놀이 13
알록달록 뱀 만들기 놀이

놀이 효과
- 창의력
- 상상력
- 조작 능력

물을 이용해 종이에 붙이는 플레이콘으로 촉감 놀이를 하면서 그림을 완성해보세요.

Let's Play

A4용지
___
펜
___
플레이콘
___

1. A4용지, 펜, 플레이콘을 준비해주세요.
2. A4용지에 뱀 그림을 그려주세요.

3. 플레이콘에 물을 묻혀서 뱀 그림에 붙여주세요.

확장 놀이

달팽이 그림이나 다른 그림을 그려도 재미있어요. 그림뿐만 아니라 플레이콘을 이용하여 입체적인 모형을 만들어도 좋아요.

플레이콘

옥수수 전분으로 만들어진 놀이 재료예요. 물을 묻혀서 다양한 결과물을 만들 수 있어요.

에바 알머슨 따라잡기 놀이

놀이 효과
미적 인식 능력
조작 능력
창의력

스페인 화가 에바 알머슨의 그림을 아시나요? 따뜻한 그림을 많이 그린 화가 에바 알머슨의 작품을 꽃잎 스티커를 이용하여 완성해보세요.

Let's Play

1. A4용지, 펜, 꽃잎 모양 스티커를 준비해주세요.

2. A4용지에 사람 얼굴과 어깨를 그려주세요.

3. 머리나 몸통 쪽에 꽃잎 스티커를 하나씩 떼어 붙이면 완성이에요.

확장 놀이

자기만의 그림에 스티커를 붙여서 작품을 완성해보는 것도 재미있겠죠?

준비물

A4용지

펜

꽃잎 모양 스티커

에바 알머슨

보고만 있어도 행복해지는 그림을 그리는 화가예요. 다양한 그림책을 만들고 전시 활동을 하고 있어요.

집콕 미술 놀이
15
우산 꾸미기 놀이

놀이 효과

창의력
조작 능력
미적 인식 능력

투명색 우산에 그림을 그려서 예쁘게 꾸며보세요. 아이가 비 오는 날을 기다리며 자신만의 우산에 애착을 가진답니다.

Let's Play

준비물

투명색 우산

매직

1 투명색 우산, 매직을 준비해 주세요.

2 우산에 어떤 그림을 그릴지 이야기 나눠보고 그림을 그려 보세요.

3 색칠을 하면서 예쁘게 우산을 꾸며보세요.

알아두기

리미티드 에디션

수량을 제한하여 판매하는 희소성을 가진 한정판 제품을 말해요.

확장 놀이

매직으로 그림을 그려도 재미있지만 스티커를 붙여서 꾸며보는 것도 재미있어요. 아이가 꾸민 우산을 들고 비오는 날 야외 산책을 해보세요.

집콕 미술 놀이 16
잡지책 콜라주 놀이

놀이 효과
- 창의력
- 관찰력
- 조작 능력

인쇄물이나 사진을 오려 붙여서 완성하는 콜라주 미술 놀이를 해볼게요. 어떤 주제로 작품을 만들지 아이와 이야기 나눠보세요.

Let's Play

- 잡지
- 가위
- 풀
- A4용지

1. 잡지, 가위, 풀, A4용지를 준비해주세요.

2. 어떤 이미지를 오려서 그림을 만들지 이야기 나누면서 잡지 이미지를 오려주세요.

3. A4용지에 잡지 이미지를 여기 저기 붙이면 완성이에요.

확장 놀이

우리 아이는 숨은그림찾기를 만들었어요. 아이와 어떤 주제를 가지고 그림을 완성시킬지 이야기 나눠보세요. 잡지 혹은 페이퍼북을 이용하면 더욱 재미있는 놀이를 할 수 있어요.

콜라주

풀로 붙인다는 뜻으로 종이, 인쇄물, 사진을 오려 붙이는 기법을 말해요.

집콕 미술 놀이
17
재활용품 아상블라주 놀이

놀이 효과

창의력
관찰력
조작 능력

집에 있는 재활용품으로 무엇을 만들까 고민하다가 시작해본 놀이예요. 재활용품을 조합하여 로봇이나 자동차 등 다양한 작품을 만들어보세요.

Let's Play

준비물

다양한 재활용품
양면테이프

1. 다양한 재활용품과 양면테이프를 준비해주세요.
2. 무엇을 만들지 충분히 대화를 나눈 후 만들기를 시작해요.

3. 재활용품을 조합하여 로봇이나 자동차를 만들어보세요.

아상블라주

폐품이나 일용품으로 여러 물체들을 모아서 입체적으로 조합하는 기법을 말해요.

확장 놀이

다양한 재료들로 더 디테일하고 재미있는 작품을 만들 수 있어요.

집콕 미술 놀이 18
전신 그리기 놀이

놀이 효과
- 창의력
- 관찰력
- 미적 인식 능력

아이의 실물과 똑같은 크기의 그림을 그려서 미술 놀이를 해보세요.

Let's Play

1 롤 페이퍼와 크레파스를 준비해주세요.

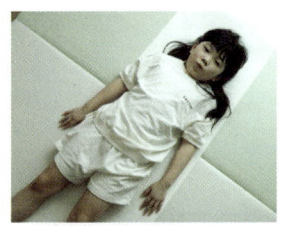

2 롤 페이퍼를 길게 자른 후 종이 위에 아이를 눕혀서 실루엣을 그려주세요.

3 아이의 실루엣이 완성되었다면, 머리도 그리고 옷도 입히고, 색칠을 해보세요.

준비물

롤 페이퍼
크레파스

확장 놀이

아이가 입고 있는 옷을 똑같이 그릴지, 혹은 새로운 친구를 그릴지 이야기 나눈 후 놀이를 진행해보세요.

집콕 미술 놀이
19
조르주 쇠라 따라잡기 놀이

놀이 효과

집중력
미적 인식 능력
눈손 협응

화가 조르주 쇠라의 그림을 보고 아이와 함께 이야기 나눠보세요. 조르주 쇠라는 어떻게 그림을 그렸을까요? 따라 그려보세요.

Let's Play

1. 조르주 쇠라의 대표작 〈그랑드 자트 섬의 일요일 오후〉를 스케치해보세요.
2. 물감을 손가락에 묻히고 손가락을 종이에 찍어서 그림을 완성해야 한다고 알려주세요.

3. 손가락으로 물감을 찍으면서 그림을 색칠하면 완성이에요.

확장 놀이

손가락뿐만 아니라 붓이나 면봉으로 물감을 찍어도 재미있는 그림이 완성된답니다.

준비물

종이
펜
물감

알아두기

점묘법

붓 끝이나 등으로 점을 찍어서 다양한 색의 작은 점들이 시각적 혼색을 만드는 기법이에요. 조르주 쇠라의 〈그랑드 자트 섬의 일요일 오후〉가 유명한 점묘법 그림이랍니다.

포일 판화 놀이

놀이 효과
창의력
표현력
미적 인식 능력

집에 있는 포일을 가지고 판화를 찍어볼 거예요. 어떤 모양이 나올까요?

Let's Play

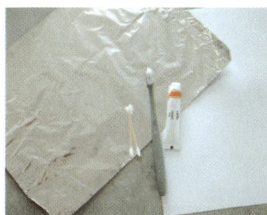

1. 포일, 물감, 면봉, 칫솔, A4용지를 준비해주세요.

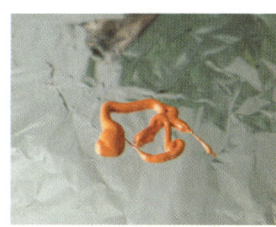

2. 포일 위에 물감을 소량 짜주세요.

3. 칫솔을 이용하여 물감을 얇게 펴주세요.

4. 면봉을 이용하여 그림을 그린 후 A4용지로 찍어내면 판화 완성이에요.

준비물

포일
물감
면봉
칫솔
A4용지

알아두기

판화

금속이나 나무 등의 표면에 형상을 그려서 판을 만든 다음, 종이나 천에 찍어내는 것을 말해요.

확장 놀이

여러 가지 그림을 그려서 놀이를 해보세요. 다양한 색상의 물감으로 배경을 만들어도 재미있답니다.

집콕 미술 놀이
21
편지 카드 만들기 놀이

놀이 효과

친밀감
창의력
미적 인식 능력

아이와 함께 편지 카드를 만들어보세요. 편지 카드를 완성한 후 좋아하는 사람에게 편지를 써도 좋겠죠?

Let's Play

A4용지

색연필

1 A4용지, 색연필을 준비해주세요.

2 A4용지를 반 접고, 한쪽 면을 다시 반 접어주세요.

3 A4용지를 접은 상태에서 색연필로 선물 상자를 그리고 색칠해주세요.

4 A4용지를 펼친 후 편지를 쓰고 선물 상자를 꾸미면 편지 카드 완성이에요.

확장 놀이

할아버지나 할머니 혹은 친구에게 편지를 쓸 수 있게 도와주세요. 간단하지만 재미있는 편지 카드가 될 수 있어요.

집콕 미술 놀이
22

흔들면 색이 변하는 놀이

놀이 효과

관찰력
창의력
친밀감

페트병에 물과 물감을 담아 흔들면 색이 변하는 놀이예요. 아이의 관찰력을 길러줄 수 있어요.

Let's Play

페트병 3개

물감

1. 페트병, 물감을 준비해주세요.

2. 페트병 뚜껑에 물감을 짜주세요.

3. 페트병에 물을 담은 후 물감을 짠 뚜껑을 조심스럽게 닫아주세요.

4. 페트병을 흔들면 투명했던 물의 색깔이 변한답니다.

확장 놀이

페트병을 흔들면서 놀다가 다른 색깔의 물감 물을 섞어보세요. 그리고 색의 변화를 관찰해보세요.

놀이와 함께 읽으면 좋아요

아이가 그림 그리기나 만들기를 좋아하나요? 직접 그림을 그리고 만드는 활동도 좋지만 예술가들의 작품과 삶을 엿보는 것도 아이의 예술성을 키우는 데 굉장히 중요해요. 전시회에서 화가들의 그림을 직접 보는게 가장 좋겠지만 그림책을 통해서도 충분히 접할 수 있으니 관련 책을 읽어주세요.

모네의 정원에서
카티예 페르메이레 지음
풀빛

끊임없이 변하는 빛과 반짝이는 물을 그린 대표적인 인상파 화가 모네의 일생과 작품을 만날 수 있는 그림책이에요.

당신은 빛나고 있어요
에런 베커 지음
웅진주니어

조명 또는 햇빛에 비춰서 다채로운 빛깔을 볼 수 있는 그림책이에요. 변하는 빛깔을 보면서 책을 읽으면 마음이 따뜻해진답니다.

프리다 칼로
이사벨 산체스 베가라 지음
지판엥 그림
달리

어떠한 어려움에도 매 순간 최선을 다한 20세기 최고의 여류 화가 프리다 칼로의 이야기를 만날 수 있어요.

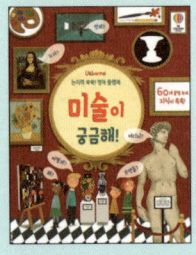

미술이 궁금해!
케이티 데이니스 지음
마리-이브 트레블레이 그림
어스본코리아

미술에 대한 다양한 호기심과 질문을 플랩북으로 재미있게 해결할 수 있어요.

케이티와 별이 빛나는 밤에 놀다
제임스 메이휴 지음
스푼북

주인공 케이티가 고흐의 전시회에 가면서 일어나는 재미있는 이야기가 담긴 그림책이에요. 고흐의 그림에 더욱 흥미 있게 다가갈 수 있어요.

파랑이와 노랑이
레오 리오니 지음
물구나무

파랑이와 노랑이가 껴안으면 어떻게 될까요? 색의 조합을 그림책으로 알 수 있답니다.

색채의 마술사 마티스
비쥬 르 토르드 지음
토마토하우스

색채의 마술사로 불렸던 20세기 프랑스 화가 앙리 마티스의 이야기를 그림책을 만날 수 있어요.

쿠사마 야요이
스즈키 사라 지음
엘렌 와인스타인 그림
주니어RHK

현대 미술의 거장이라 불리는 쿠사마 야요이의 성장 과정을 그림책을 통해 만나보세요.

환상의 정글 숨바꼭질
페기 닐 지음
보림

화려한 색채의 그림을 보면서 정글 속 동물들을 찾아보는 그림책이에요. 책을 보다 보면 어느 순간 다채로운 풍경 그림 속으로 빠져든답니다.

CHAPTER
6

아이를 크게
키우는

집콕 신체 놀이

집콕 신체 놀이
01
공 주고받기 놀이

놀이 효과
- 협동력
- 민첩성
- 친밀감

공을 던지고 받는 놀이를 해보세요. 앉아서 받고, 서서 받고, 굴려 보고, 다양한 방법으로 공을 주고받으며 손과 팔의 감각을 키워주세요.

Let's Play

공 _____

1 공을 준비해주세요.

2 공을 던지고 받으며 놀이를 해보세요.

3 아이가 공을 받기 어려워 한다면 다리를 벌리고 앉아서 공을 굴리면서 주고받아 보세요.

확장 놀이

야외로 나가서 공을 바운드하여 패스하는 놀이도 굉장히 재미있답니다.

223

집콕 신체 놀이
02
병뚜껑 알까기 놀이

놀이 효과

집중력
조작 능력
스트레스 해소

플라스틱 뚜껑을 이용해 알까기 놀이를 해보세요. 플라스틱 뚜껑은 바둑알보다 가벼워서 아이들도 재미있게 놀이를 즐길 수 있어요.

Let's Play

플라스틱 뚜껑 여러 개

1 플라스틱 뚜껑을 여러 개 준비해주세요.

2 손가락으로 뚜껑을 치고, 상대편 뚜껑을 라인 밖으로 내보내면 이기는 게임이에요.

3 번갈아 가면서 공격을 해보세요.

확장 놀이

처음에는 여러 번 연습할 수 있는 시간을 충분히 주세요. 어느 정도 실력이 올라가면 아이와 함께 게임을 해보세요.

림보 놀이

놀이 효과
유연성
근력
균형 감각

림보 놀이를 통해 아이의 유연성을 길러주세요. 아이의 허리를 튼튼하게 하는 데 도움을 준답니다.

Let's Play

의자 2개

줄넘기

1. 거리를 두어 의자 2개를 배치하고 줄넘기 줄을 팽팽하게 연결하여 묶어주세요.

2. 몸이 줄에 닿지 않게 움직이면서 놀이를 해요. 엄마 아빠와 함께 하면 더욱 재미있어요.

확장 놀이

몸을 숙여서 지나가기, 줄 높이를 낮추고 기어서 앞으로 지나가기, 다리를 벌려서 지나가기 등 다양한 방법을 이용하여 놀아주세요.

집콕 신체 놀이
04
물 옮기기 놀이

놀이 효과

집중력

자신감

민첩성

물 옮기기 놀이를 하면서 물을 흘리지 않고 따르는 연습을 해보세요. 아이의 집중력과 민첩성을 키워줄 수 있어요.

Let's Play

물이 담긴 물통

다양한 크기의 컵

1. 물이 담긴 물통, 다양한 크기의 컵을 준비해주세요.

2. 컵을 일렬로 나열하고, 첫 번째 컵에 물을 따라주세요. 첫 번째 컵에 있는 물을 두 번째 컵으로 옮겨주세요.

3. 물을 흘리지 않고 따르는 연습을 하면서 재미있게 놀 수 있어요.

확장 놀이

물을 흘리지 않고 누가 빨리 옮길 수 있는지 게임을 해보는 것도 굉장히 재미있답니다.

집콕 신체 놀이 05
바구니 농구 놀이

놀이 효과
- 집중력
- 힘 조절 능력
- 스트레스 해소

슛 골인! 공을 던지는 건 쉽지만 바구니에 골인시키는 건 어려워요. 바구니 농구 놀이는 아이의 힘 조절 능력과 집중력을 길러준답니다.

Let's Play

1 바구니, 공을 준비해주세요.

2 바구니를 바닥에 두고 멀리 떨어져서 공을 던져보세요.

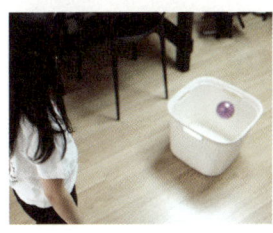

3 점점 거리를 두면서 멀리서 공을 던져보세요.

바구니

공

확장 놀이

한 손으로 던지기, 두 손으로 던지기, 바운드하여 던지기 등 다양한 방법으로 공을 던져서 바구니 안에 골인시켜보세요.

집콕 신체 놀이
06
균형 잡기 놀이

놀이 효과

균형 감각
자신감
친밀감

종이를 반으로 접고 또 접으면서 크기가 작아진 종이 위에서 균형을 잡는 놀이예요.

Let's Play

A4용지 _____

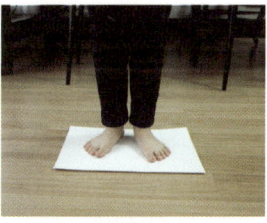 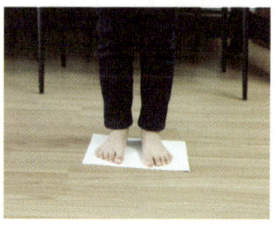

1. A4용지를 땅에 두고 그 위에 올라가 보세요.

2. A4용지를 반 접고 위에 올라가서 균형을 잡아보세요.

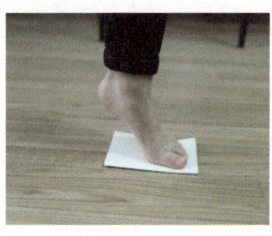

3. A4용지를 다시 반 접고 위에 올라가서 균형을 잡아보세요.

확장 놀이

누가 누가 더 잘하나 돌아가면서 게임을 하면 더욱 재미있어요.

집콕 신체 놀이
07
볼링 놀이

놀이 효과

집중력

힘 조절 능력

스트레스 해소

스트라이크! 집에서 볼링 놀이를 해보세요. 페트병을 맞추기 위해 몰입하면서 아이의 집중력을 키울 수 있어요.

Let's Play

1. 페트병, 공을 준비해주세요.

2. 페트병을 삼각형 모양으로 세워주세요.

3. 페트병과 거리를 둔 상태에서 공을 굴려 페트병을 쓰러뜨려 보세요.

준비물

페트병 6개
공

확장 놀이

페트병이 다 넘어가면 "스트라이크!"라고 외쳐주세요. 모든 페트병이 한번에 넘어질 때 스트레스가 팍팍 풀린답니다.

집콕 신체 놀이
08
브이자로 걷기 놀이

놀이 효과
- 유연성
- 균형 감각
- 친밀감

줄넘기나 긴 줄을 이용해 브이자 길을 만들어 보세요. 점점 거리가 멀어지는 길을 걸으면서 아이의 유연성을 길러주세요.

Let's Play

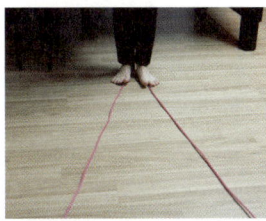 

1 줄넘기를 브이자 모양으로 두고 줄을 밟으면서 앞으로 걸어가 보세요.

2 다리를 벌리면서 앞으로 나아가보세요.

준 비 물

줄넘기

확장 놀이

누가 누가 멀리 가나 게임해보세요.

집콕 신체 놀이
09
손바닥 발바닥 찍기 놀이

놀이 효과

유연성
균형 감각
민첩성

손바닥과 발바닥을 종이에 그리고 찍어보는 놀이를 해보세요. 다양한 동작으로 신체 활동을 할 수 있어요.

Let's Play

준 비 물

A4용지 여러 장

색연필

1. A4용지, 손바닥과 발바닥을 대고 그림을 그린 후 색칠해 주세요.

2. 손바닥과 발바닥 그림을 교차로 바닥에 붙여보세요.

3. 손바닥 그림에는 손을, 발바닥 그림에는 발을 올리면서 앞으로 나아가면 재미있게 놀 수 있어요.

확장 놀이

아이와 함께 한번 씩 돌아가면서 앞으로 나아가보세요. 다양한 동작으로 신체 활동을 할 수 있어요.

집콕 신체 놀이
10
손가락 펌프 놀이

놀이 효과

조작 능력
집중력
민첩성

손가락을 이용해 펌프 놀이를 해보세요.
손가락을 움직이면서 재미있게 놀 수 있답니다.

Let's Play

1 A4용지, 펜을 준비해주세요.

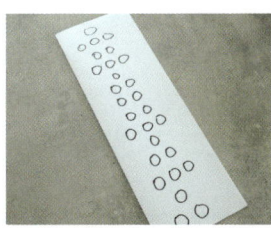

2 A4용지를 반으로 길게 접고 동그라미를 3개, 2개, 1개 순으로 교차해 그려주세요.

3 손가락을 이용해 순서대로 동그라미를 눌러보세요.

4 오른손으로 했다면 왼손으로도 해보세요.

준비물

A4용지

펜

확장 놀이

똑같은 그림을 1장 더 그린 뒤 누가 더 빨리 놀이를 완료하는지 게임해보세요.

집쿡 신체 놀이
— 11 —

수건 당기기 놀이

놀이 효과
- 근력
- 힘 조절 능력
- 지구력

영차 영차! 온 힘을 다해 수건을 당겨봐요. 수건을 당기면서 힘 조절 능력을 키울 수 있어요.

Let's Play

수건

1 수건을 준비해주세요.

2 수건을 펼쳐서 양쪽 끝을 잡고 서로 온 힘을 다해 수건을 당겨보세요.

3 힘의 세기에 따라 아이가 중심을 잃고 넘어질 수 있으니 다칠 수 있는 물건은 치우고 해보세요.

확장 놀이

서로 깍지를 껴서 팔 고리를 만든 후 당기기 놀이를 해도 재미있어요. 막대를 이용해서 당기기 놀이를 해보는 것도 좋아요.

집콕 신체 놀이
—— 12 ——
숟가락 물건 옮기기 놀이

놀이 효과

집중력
눈손 협응
자신감

숟가락을 이용해 물건을 옮겨보세요. 물건이 숟가락에서 떨어지지 않게 천천히 옮기면서 아이의 눈손 협응을 발달시킬 수 있어요.

Let's Play

1 숟가락, 그릇, 다양한 종류의 작은 장난감을 준비해주세요.

2 그릇을 일렬로 두고 첫 번째 그릇에 장난감을 담아주세요.

3 숟가락을 이용하여 한 칸 한 칸 옆의 그릇으로 장난감을 이동시켜보세요.

준비물

숟가락

그릇 3개

다양한 종류의 작은 장난감

확장 놀이

아이와 함께 누가 더 빨리 장난감을 옮기는지 게임해보세요.

집콕 신체 놀이
13
아슬아슬 평형대 놀이

놀이 효과

균형 감각

집중력

자신감

아슬아슬 얇은 줄 위를 걸으면서 균형을 잡아보세요. 아이의 균형 감각을 키워줄 수 있어요.

Let's Play

털실 _____

1 털실을 준비해주세요.

2 털실을 길게 풀어서 바닥에 고정해주세요.

3 실을 따라 균형을 잡으면서 앞으로 걸어보세요.

확장 놀이

삼각형, 네모, 동그라미 등 실 모양을 다양하게 바꿔가면서 놀이를 즐겨주세요.

집콕 신체 놀이 14
온몸으로 흉내 내기 놀이

놀이 효과
- 표현력
- 소통 능력
- 자신감

온몸으로 동물이나 사물을 흉내 내보세요. 몸동작으로 동물과 사물을 따라해보면서 표현력을 키울 수 있어요.

Let's Play

준비물

없음

1 어떤 걸 흉내 낼지 제시어를 말하고 온몸으로 표현하게 해주세요.

2 개구리도 온몸으로 표현해요.

3 토끼도 온몸으로 표현해요.

4 고양이도 온몸으로 표현해보면서 재미있게 놀 수 있어요.

확장 놀이

아이와 함께 서로 어떤 동물인지 맞추는 동작 퀴즈 놀이를 해보세요. 온 가족이 웃으며 즐겁게 놀 수 있어요.

집콕 신체 놀이
15
위로 위로 쌓기 놀이

놀이 효과

집중력
눈손 협응
힘 조절 능력

페트병을 위로 위로 쌓아보세요. 균형을 잡으려면 손의 섬세함과 집중력이 필요해요. 순간 집중하는 능력과 손의 섬세한 조절 능력을 키울 수 있어요.

Let's Play

페트병 여러 개

1. 페트병을 준비해주세요.

2. 페트병을 거꾸로 세워서 균형을 잡아보세요.

3. 페트병 위에 페트병을 1개 더 올려보세요.

확장 놀이

페트병을 뒤집어서 쌓아 보고, 페트병 2개 위에 1개를 쌓아 보고, 다양한 방법으로 균형을 잡아보세요.

집콕 신체 놀이
16

젓가락으로 콩 옮기기 놀이

놀이 효과
- 집중력
- 눈손 협응
- 자신감

젓가락을 이용해 콩 옮기기 놀이를 해보세요. 콩을 옮기는 속도만큼 아이의 자신감이 상승한답니다.

Let's Play

1. 젓가락, 완두콩, 접시를 준비해주세요.

2. 빈 접시로 완두콩을 옮기는 놀이예요.

3. 완두콩을 옮기는 속도만큼 아이의 자신감이 올라가요.

준비물

접시 2개

젓가락

완두콩

확장 놀이

누가 누가 콩을 빨리 옮기는지 게임해보세요. 좋아하는 과자를 젓가락으로 먹는 게임도 젓가락질 향상에 도움을 준답니다.

알아두기

처음에는 보조 기구가 달린 젓가락을 이용해주세요. 젓가락질이 익숙해지면 나무젓가락으로, 그다음은 일반 젓가락으로 넘어가면서 젓가락질이 익숙해질 수 있게 도와주세요.

집콕 신체 놀이
17
종이컵 쌓기 놀이

놀이 효과
집중력
눈손 협응
스트레스 해소

종이컵을 이용해 탑과 집을 만들고 부수면서 스트레스를 날려보아요.

Let's Play

종이컵 여러 개

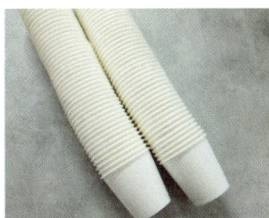

1 종이컵을 준비해주세요.

2 종이컵을 쌓아서 탑을 만들어 보세요.

3 완성된 탑을 부수면서 스트레스를 날려보세요.

확장 놀이

탑뿐만 아니라 성이나 집, 아이가 만들어보고 싶은 모양으로 모형을 만들어보세요. 부술 때는 공을 굴리거나, RC카를 이용하는 것도 재미있답니다.

접촉 신체 놀이 18
휴지로 컵 당기기 놀이

놀이 효과

힘 조절 능력

집중력

스트레스 해소

물을 넣은 컵을 휴지로 조심조심 당기는 놀이예요. 휴지가 끊어지지 않도록 당기면서 힘 조절 능력을 키울 수 있어요.

Let's Play

두루마리 휴지
컵

1. 두루마리 휴지, 컵을 준비해 주세요.

2. 두루마리 휴지를 길게 풀어서 그 위에 컵을 올리고, 물을 담아주세요.

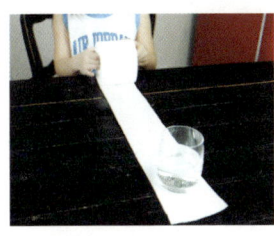

3. 두루마리 휴지를 천천히 감으면서 컵을 당겨보세요.

확장 놀이

컵을 바닥에 두고 누가 더 빨리 당기는지 아이와 게임해보세요. 승부욕도 생기고 재미있게 놀 수 있어요.

신체 놀이

놀이와 함께 읽으면 좋아요

몸으로 많이 놀아주셨나요? 사실 신체 놀이와 관련된 그림책은 거의 없어요. 그림책과 연결 짓기보다 최대한 몸으로 많이 놀아주는 게 최고죠. 대신 아이가 자신의 신체에 대해 알 수 있고 올바른 생활 습관을 만들어 가는 데 도움을 주는 그림책을 소개할게요.

내가 지켜 줄게!
천미진 지음
숫카이 그림
키즈엠

미세 먼지나 바이러스로부터 우리를 지켜주는 마스크에 대한 이야기에요. 아이가 마스크 착용을 싫어한다면 꼭 한 번 같이 읽어보세요.

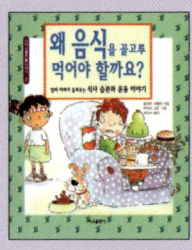

왜 음식을 골고루 먹어야 할까요?
클레어 레웰린 지음
마이크 고든 그림
서교출판사

음식이 우리 몸에 필요한 이유와 골고루 먹는 것의 중요성을 알려줄 수 있는 그림책이랍니다.

나, 이거 사 줘!
스테파니 블레이크 지음
한울림어린이

마트에서 과자나 장난감 진열대를 지나갈 때마다 전쟁이 벌어지지 않나요? 그렇다면 이 책을 통해 건강한 소비 습관에 대해 알려주세요.

몰리 선생님의 친절한 예절 학교
제임스 맥클레인 지음
로지 리브 그림
어스본코리아

기본적인 예절과 배려를 배울 수 있는 그림책이에요. 아이들이 바른 예절을 익힐 수 있도록 한번 씩 읽어주세요.

집에서도 조심조심
마술연필 지음
마이크 고든 그림
보물창고

집에서 마주할 수 있는 위험한 상황에 대해 알려주는 그림책이에요. 어떻게 해야 위험한 상황에 대처할 수 있는지 판단 능력을 길러줘요.

리나 안 졸려!
바루 지음
한울림어린이

잠을 안 자고 더 놀고 싶다는 리나에게 엄마 아빠의 말을 대신 전해주는 그림책이에요. 잠을 자기 싫어하는 아이에게 읽어주세요.

안 씻으면 안 돼?
심미아 지음
최혜영 감수
소담주니어

야외 활동 후 깨끗하게 씻지 않으면 어떻게 될까요? 밥을 먹고 양치질을 하지 않으면 어떻게 될까요? 책을 통해 청결에 대해 배울 수 있어요.

치카왕자
박정희 지음
박세연 그림
천개의바람

양치하는 걸 싫어하는 아이들이 많을 거예요. 하지만 치아는 평생 사용하는 중요한 신체 기관이죠. 그림책을 읽으며 올바른 양치 습관을 기를 수 있어요.

누구나 멈춘다
천미진 지음
윤태규 그림
키즈엠

동물의 왕 호랑이도 날쌘 다람쥐도 빨간불 앞에서는 누구나 멈춰요. 아이들에게 교통 안전에 대해 알려줄 수 있는 그림책이랍니다.

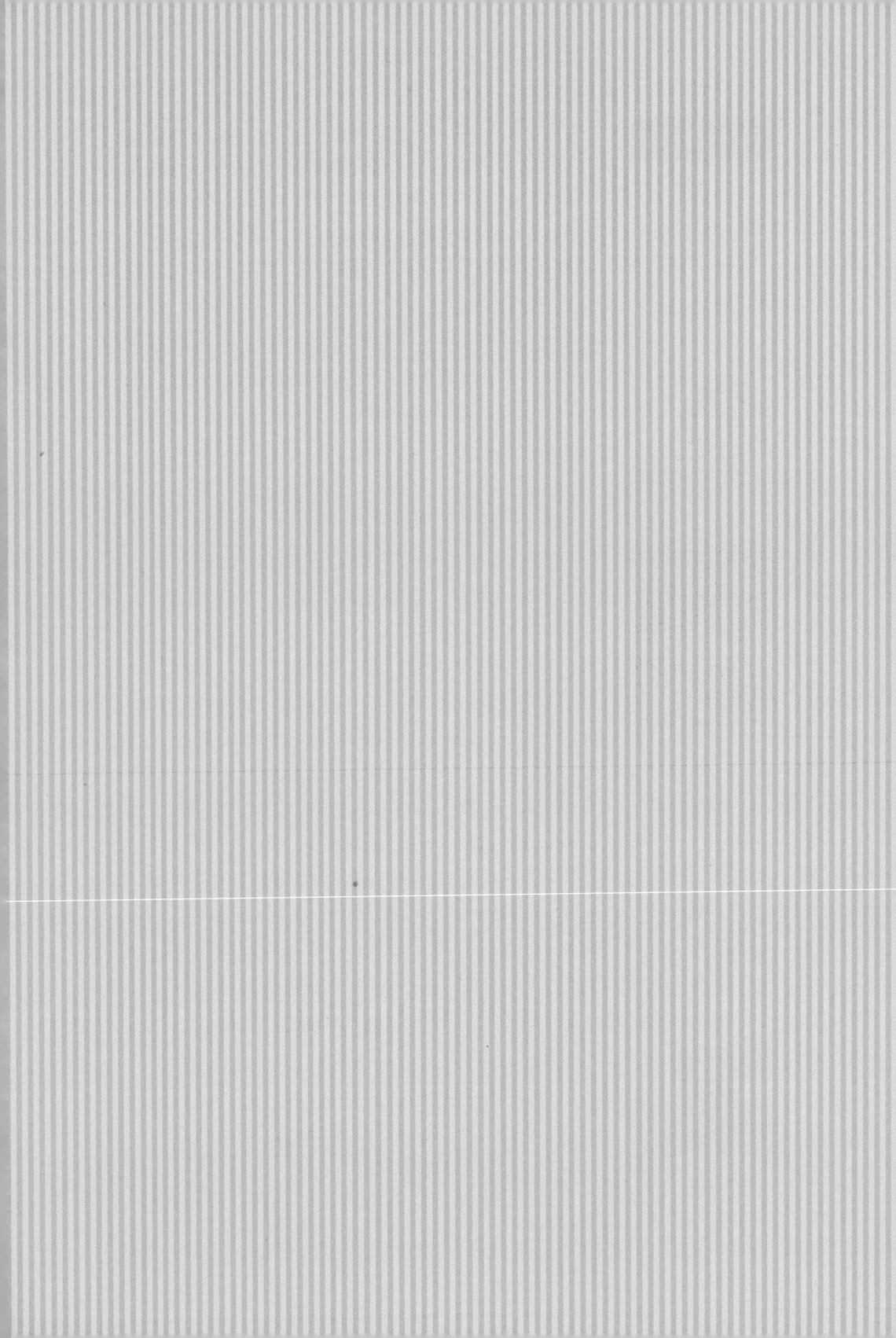

부록

집콕 놀이가
쉬워지는

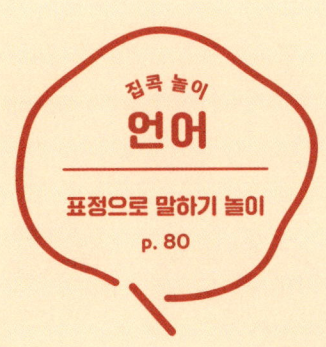

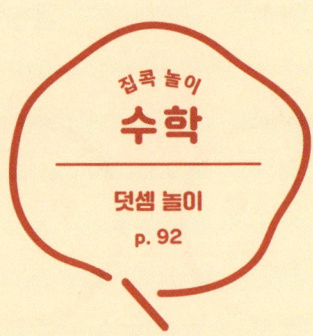

2 + 3 = ☐

○○○○○○○○○○

3 + 1 = ☐

○○○○○○○○○○

5 + 2 = ☐

○○○○○○○○○○

4 + 3 = ☐

○○○○○○○○○○

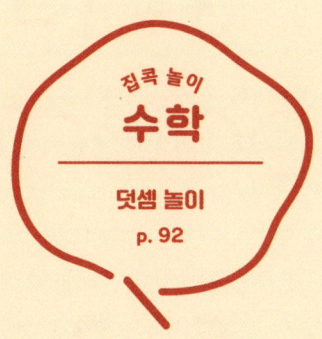

1 + 6 = ☐

○○○○○○○○○○

7 + 2 = ☐

○○○○○○○○○○

4 + 6 = ☐

○○○○○○○○○○

2 + 7 = ☐

○○○○○○○○○○

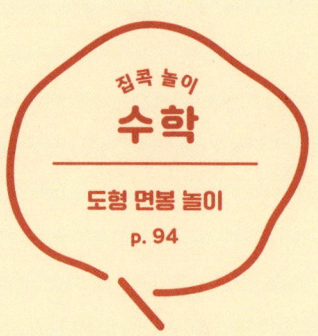

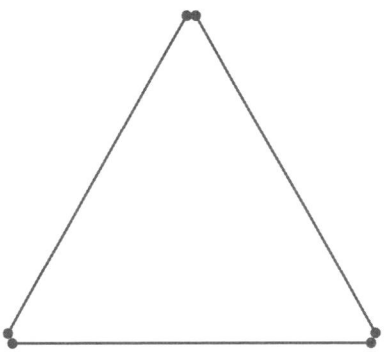

269

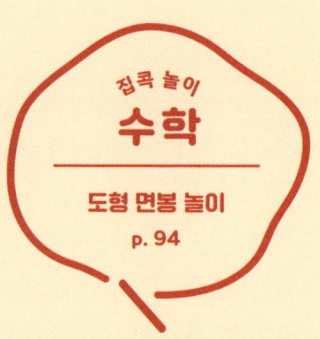

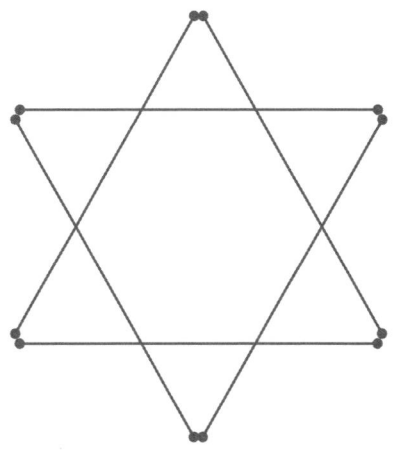
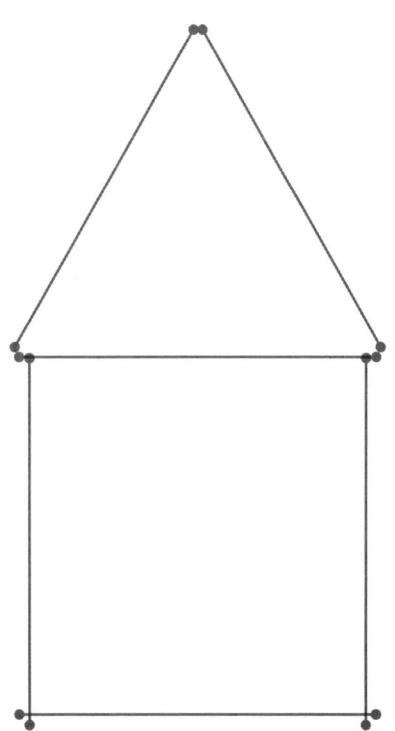

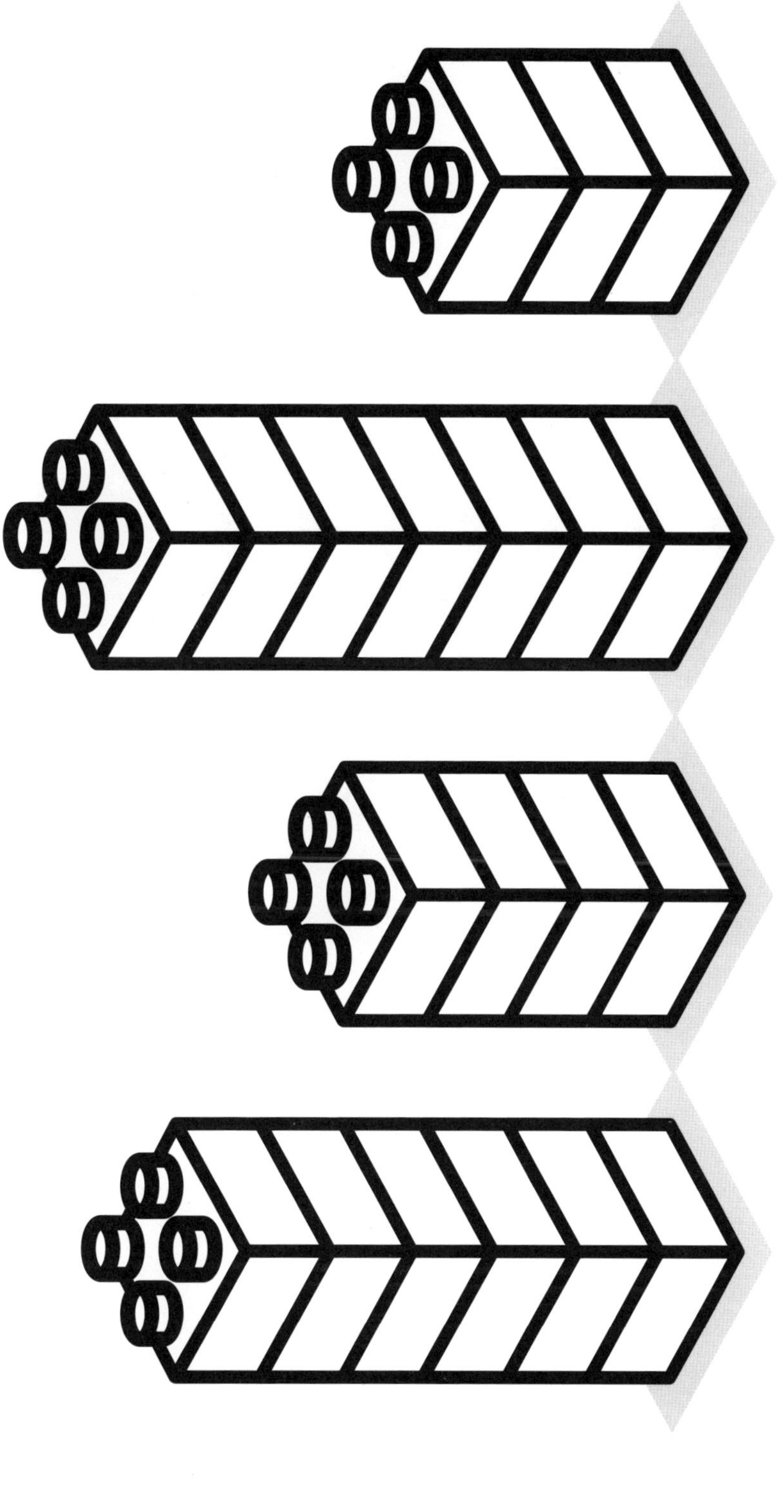

273

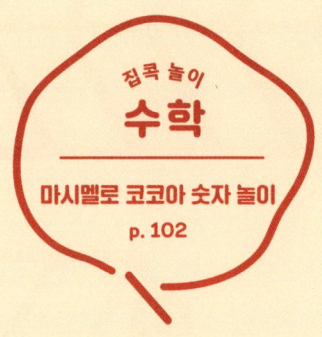

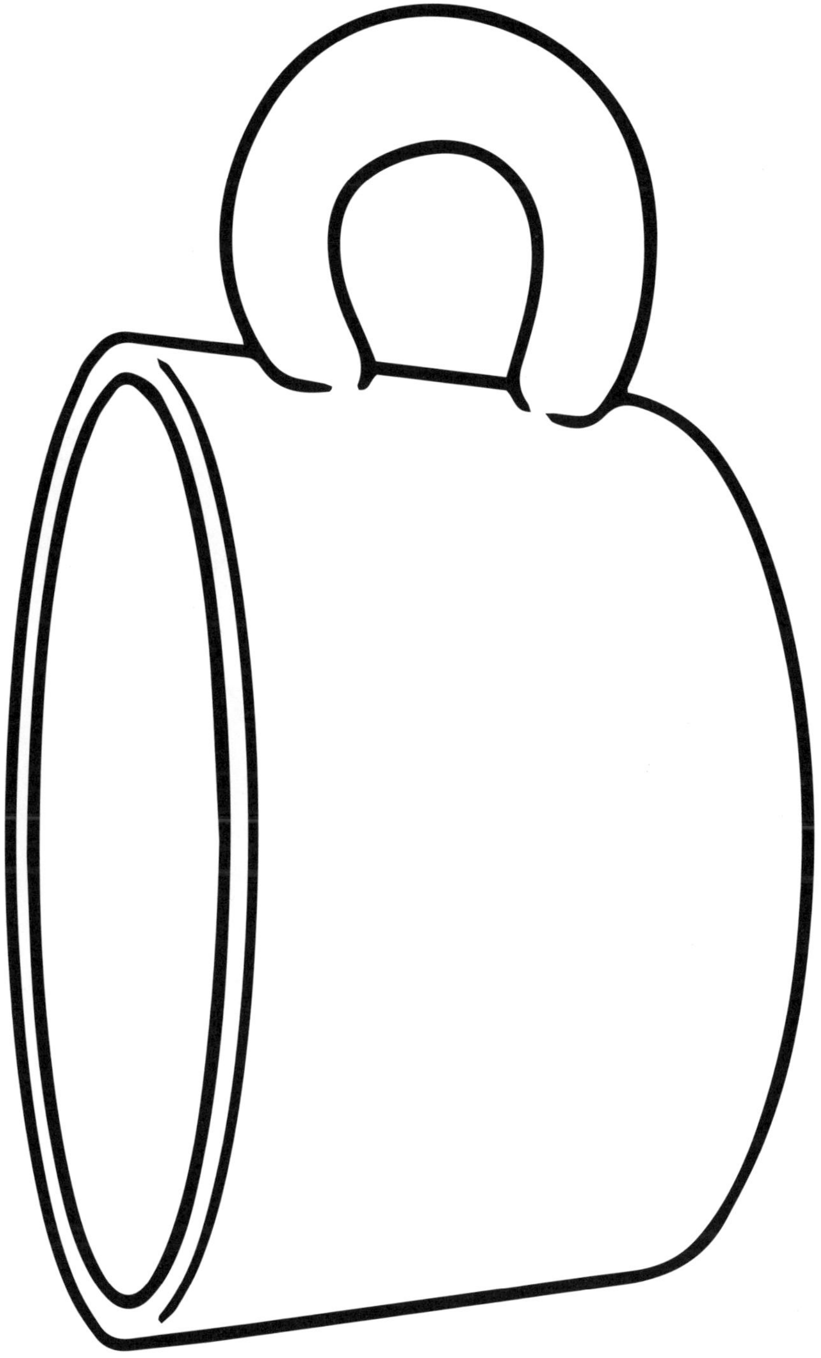

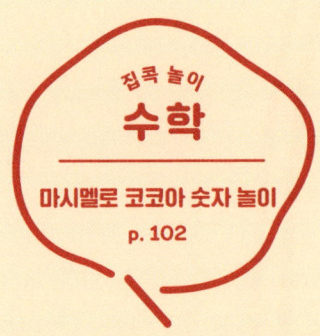

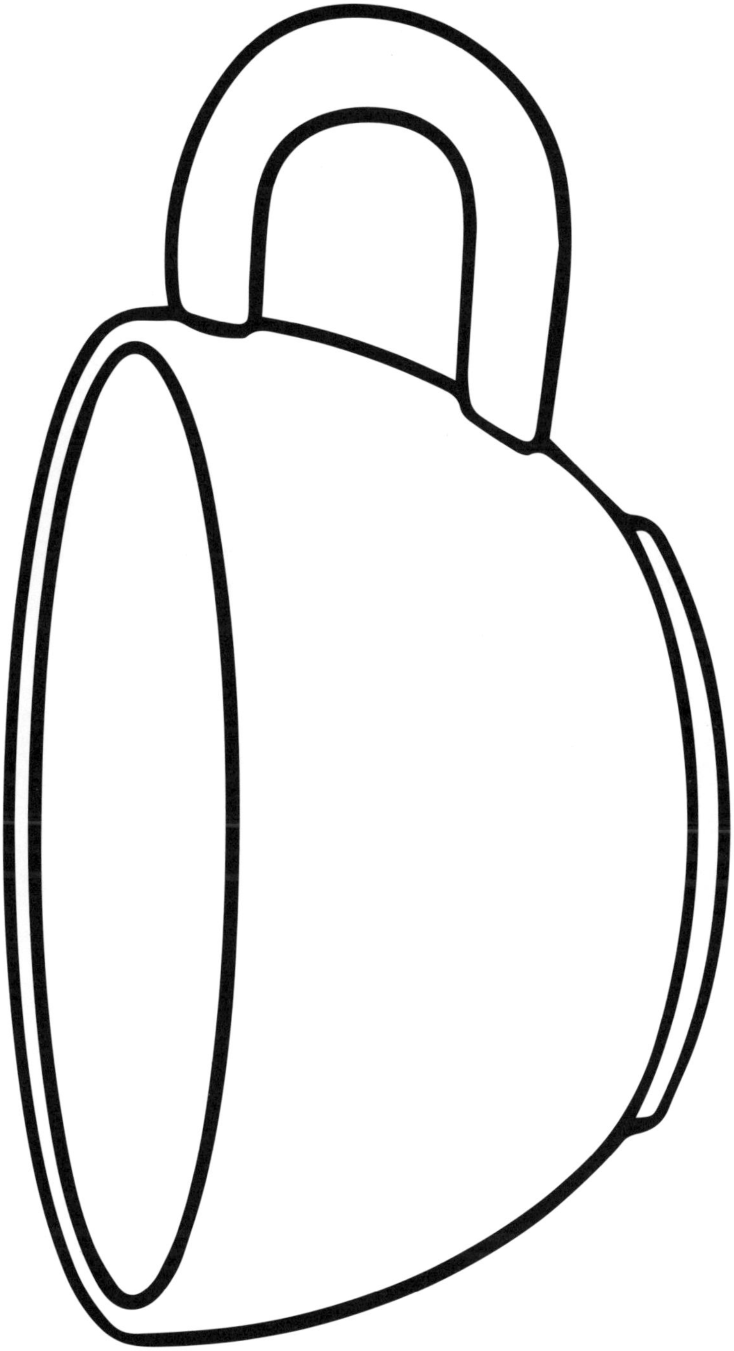

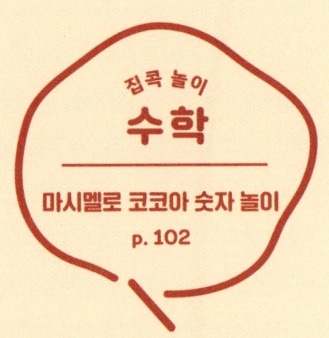

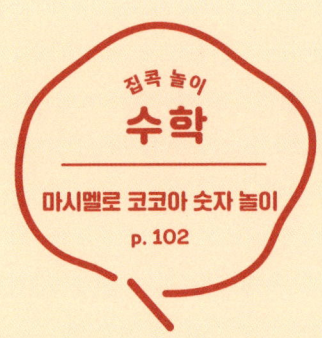

집콕 놀이
수학
———
마시멜로 코코아 숫자 놀이
p. 102

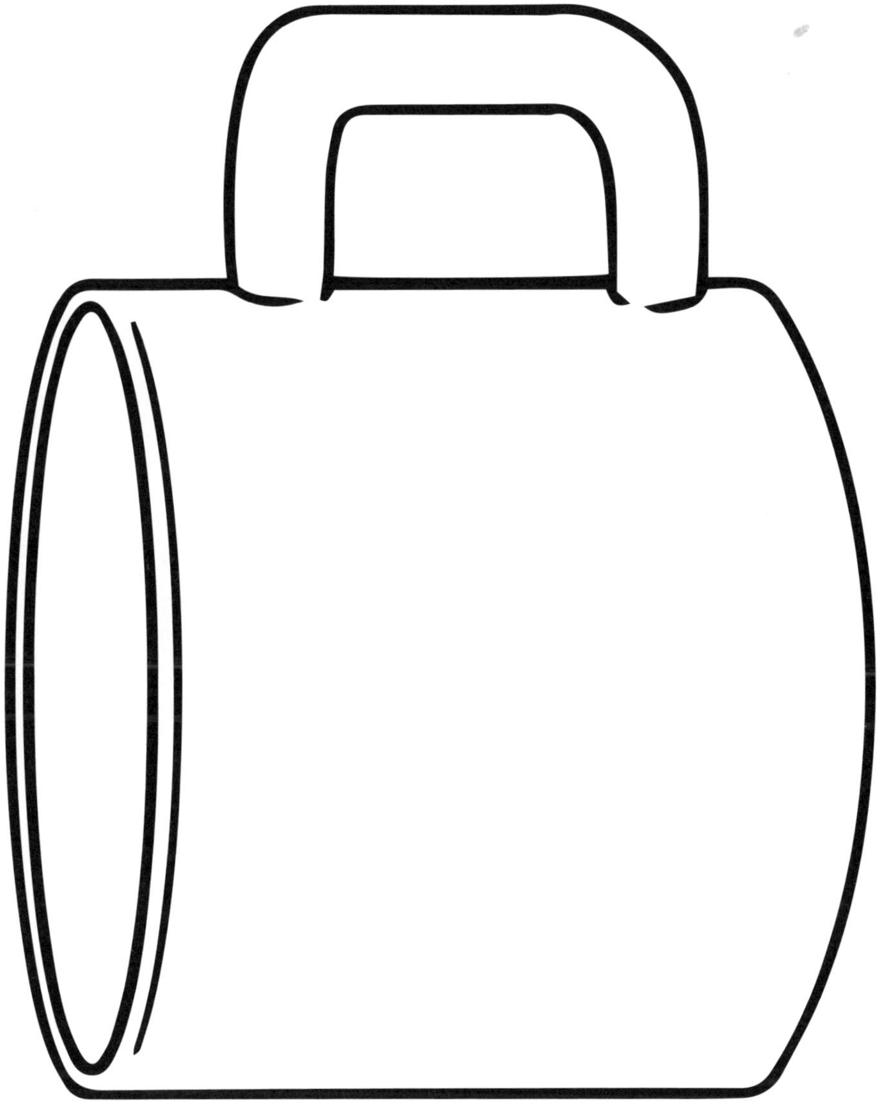

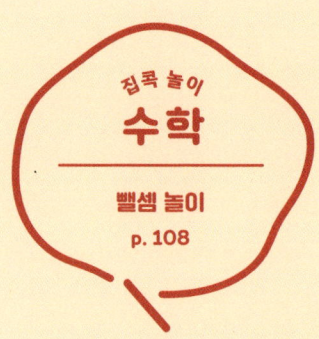

7 - 6 = ☐
◯◯◯◯◯◯◯

7 - 5 = ☐
◯◯◯◯◯◯◯

7 - 3 = ☐
◯◯◯◯◯◯◯

7 - 1 = ☐
◯◯◯◯◯◯◯

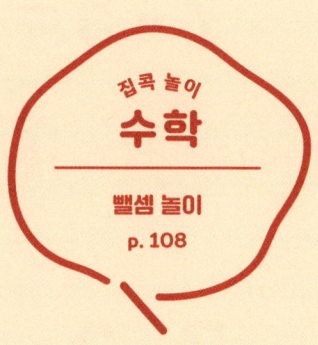

5 - 2 = ☐
○ ○ ○ ○ ○

5 - 4 = ☐
○ ○ ○ ○ ○

5 - 3 = ☐
○ ○ ○ ○ ○

5 - 1 = ☐
○ ○ ○ ○ ○

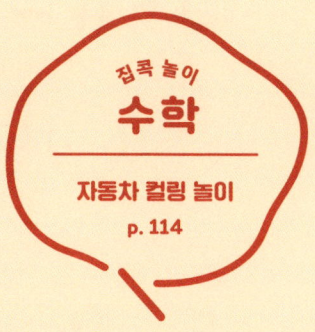

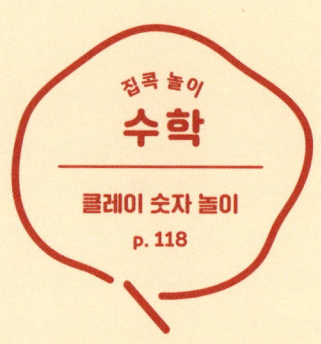

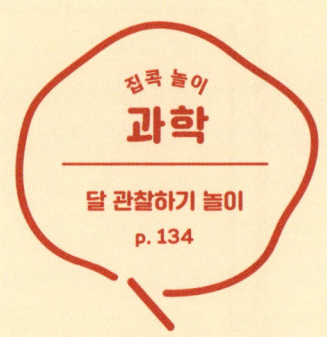

집콕 놀이
과학
———
달 관찰하기 놀이
p. 134

상현달

보름달

초승달

하현달

그믐달

291

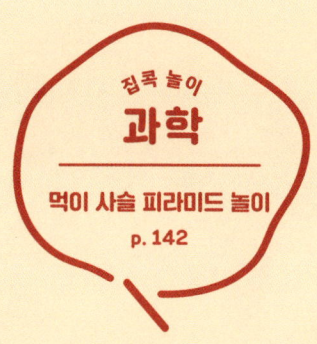

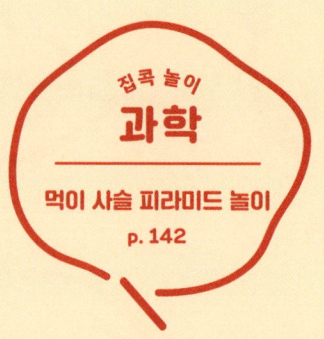

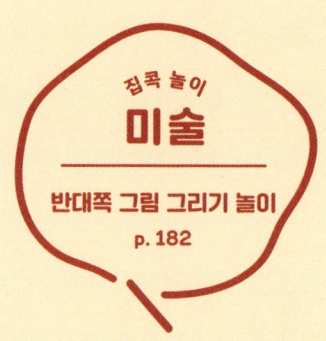

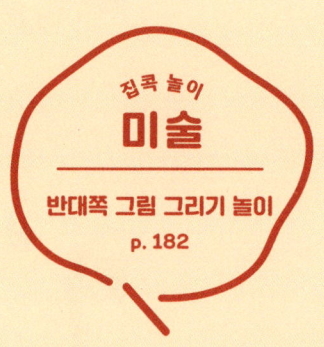

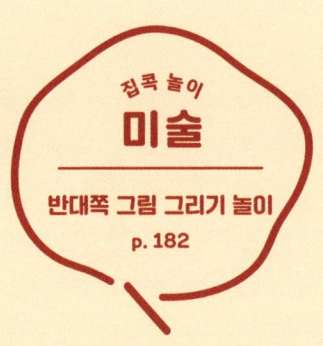

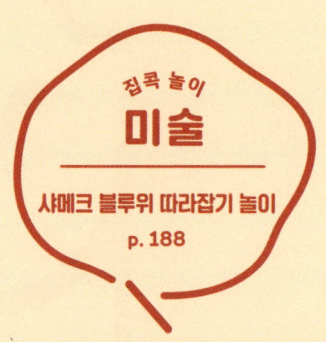

집콕 놀이
미술
샤메크 블루위 따라잡기 놀이
p. 188

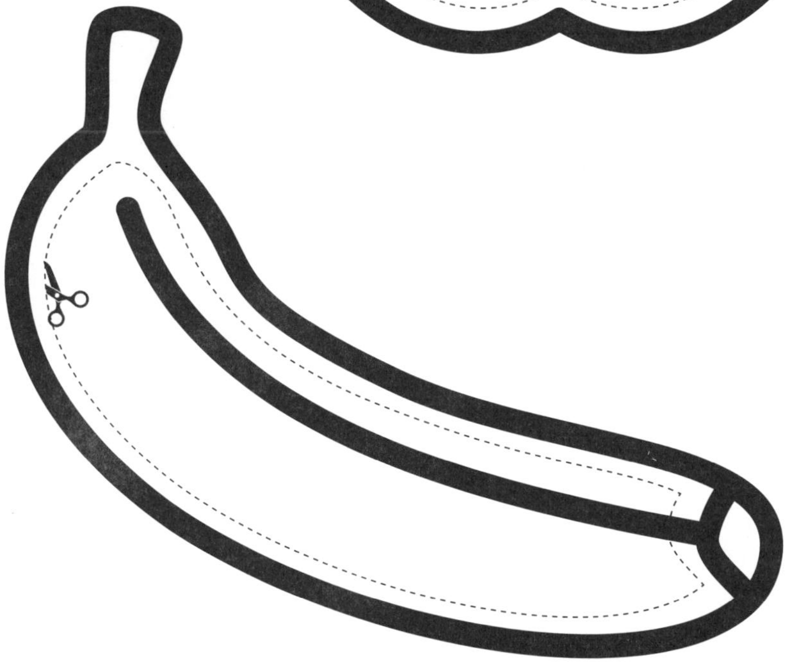

303

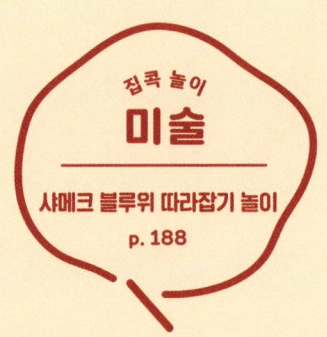

305

집콕 놀이
미술

에바 알머슨 따라잡기 놀이
p. 200

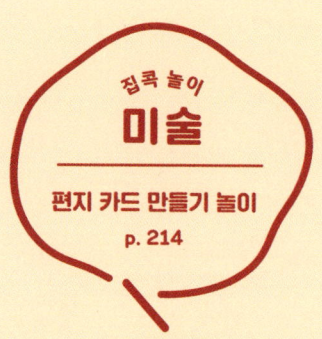

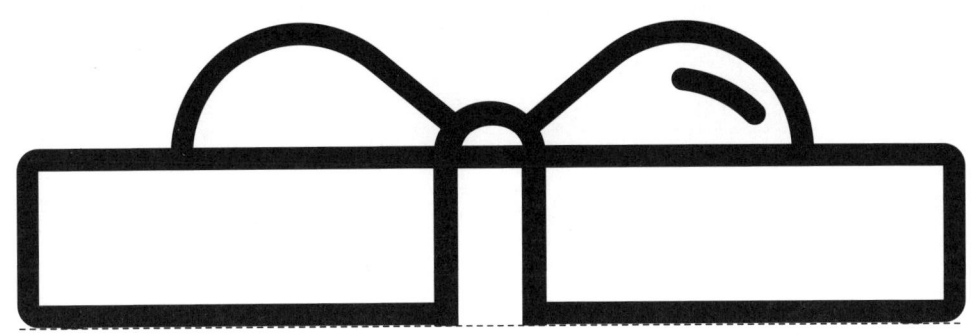

313

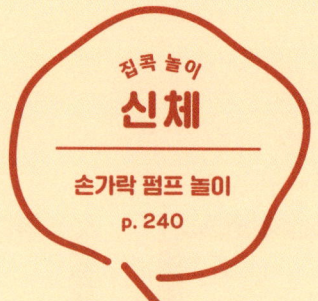

집콕 놀이
신체
───
손가락 펌프 놀이
p. 240

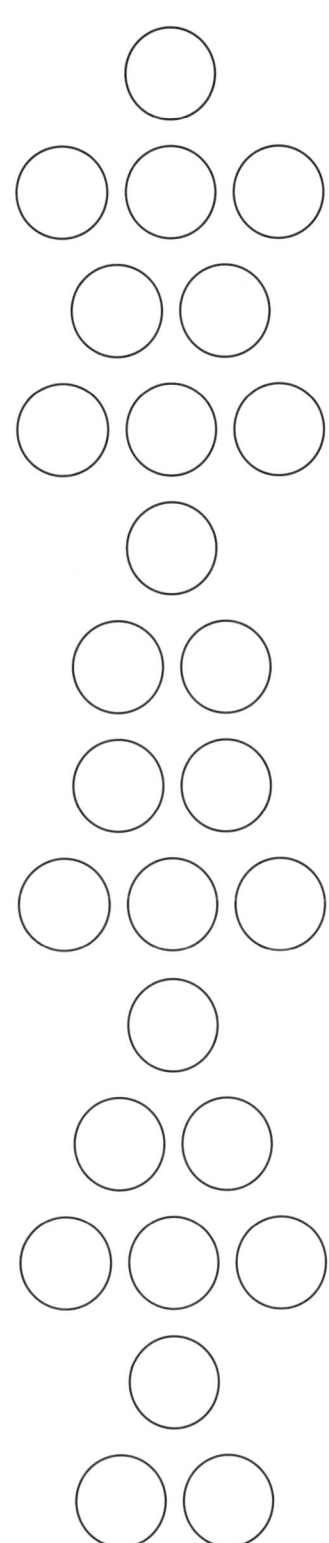